tea-time

W0216559

EDITIONS ATLAS

Édité par :
Éditions Glénat
© Literary Rights International INC, MMIII-MMVII
© Éditions Atlas, MMIII-MMVII
© Éditions Glénat, pour l'adaptation, MMVII

Services éditoriaux et commerciaux :
Éditions Glénat – 31-33, rue Ernest Renan
92130 Issy-les-Moulineaux

Cet ouvrage est une édition partielle des encyclopédies « Pains, gâteaux et viennoiserie » et « Chocolat, pâtisserie, confiserie » publiées par les Éditions Atlas.

Crédits photographiques :
Couverture : Y. Bagros / photocuisine / Corbis

Intérieur :
Christian Adam : 124-125, 146-147, 168-169. Philippe Barret : 20-21, 24-25, 30-31, 38-39, 42-51, 54-55, 58-61, 68-69, 72-73, 78-81, 104-105, 112-115, 122-123, 136-139, 144-145, 148-153, 156-161, 172-173. Philippe Barret / Francis Waldman : 16-17. F. Bertram / Atlas : 126. P. Desgrieux / photocuisine / Corbis : 92. DR : 14-15, 52-53, 64-65, 70-71, 84-87, 90-91, 94-99, 108-111, 128-129, 142-143, 154-155, 164-167, 170-171. Magis / La photothèque Culinaire : 127. Aline Princet : 82-83, 106-107. STOCKFOOD / recto : Brauner, Michael : 120-121. STOCKFOOD / recto : Studio Lipov : 162-163. PL. Viel / photocuisine / Corbis : 8. Francis Waldman : 10-13, 18-19, 22-23, 26-29, 32-37, 40-41, 56-57, 62-63, 66-67, 74-77, 88-89, 100-103, 116-119, 130-135, 140-141.

Tous droits réservés pour tous pays

Achevé d'imprimer en août 2007, en Italie par
Eurografica –Via del progresso, 125
36035 Marano - Vicenza
Dépôt légal : août 2007
ISBN : 978-2-7234-6104-7

› Introduction

L'heure sacrée du thé si célèbre chez nos voisins anglais, est aussi un moment privilégié, une pause après les courses, un moment convivial en famille ou avec des amis le week-end. Découvrez dans Tea-time, toutes les recettes simples et savoureuses à croquer par petites bouchées avec une boisson chaude. Passez un agréable moment de détente avec un thé, à déguster dès la sortie du four, ces scones aux raisins qui sont une variante des gâteaux anglais, ou ces financiers d'une finesse incomparable. Laissez-vous tenter par les tartelettes pêches-pistaches au goût si subtil et ces macarons à la rose à la saveur insolite.

L'éditeur

› Sommaire

Cookies, biscuits, scones

Les amaretti *au miel*

Ingrédients
(pour 4 à 6 personnes)

- 250 g d'amandes en poudre
- 290 g de sucre en poudre
- 3 sachets de sucre vanillé
- 2 blancs d'œufs + 1 jaune
- 2 cuillères à soupe de miel

1 Préparation. Versez dans un saladier les 250 g d'amandes en poudre, les 3 sachets de sucre vanillé, les 290 g de sucre en poudre, le jaune d'œuf et les 2 cuillères à soupe de miel et mélangez.

2 Finition de la pâte. Incorporez les 2 blancs d'œufs et mélangez.

3 Temps de repos. Couvrez le saladier de film alimentaire et laissez au frais 6 h environ.

4 Façonnage. Formez un long boudin de pâte, enveloppez-le dans du film alimentaire et déposez-le au frais 1 heure.

5 Découpe. Préchauffez le four à 160° (th. 5-6). Découpez des rondelles de pâte d'environ 2 cm d'épaisseur. Rangez-les sur une plaque de four couverte de papier sulfurisé, en veillant à bien les espacer.

6 Cuisson. Mettez les biscuits à cuire environ 15 min. Disposez-les sur une grille et laissez refroidir.

Préparation : 15 minutes | Repos : 7 heures | Cuisson : 15 minutes | Réalisation : assez facile | Coût : assez cher

Savourer des amaretti avec un bon thé,
c'est connaître un vrai moment de bonheur gourmand.
Vous pourrez même préparer ces adorables petits biscuits
à l'avance sans aucun souci.

›Astuce

Choisissez de préférence un miel toutes fleurs pour confectionner les amaretti. Un miel à la saveur plus prononcée, par exemple au sarrasin ou de châtaigne, risque de neutraliser quelque peu les saveurs délicates de l'amande. Utilisez des blancs d'œufs extra-frais pour votre préparation.

Les cookies *choco-noisettes*

Ingrédients
(pour 4 à 6 personnes)

- 160 g de farine de blé pâtissière tamisée
- 125 g de beurre ramolli
- 110 g de pépites de chocolat
- 20 g de noisettes en poudre
- 70 g de sucre glace
- 1 pincée de sel

1 Préparation. Découpez les 125 g de beurre en dés. Mettez-les dans un saladier.

2 Mélange. Ajoutez la pincée de sel, les 70 g de sucre glace et les 20 g de noisettes en poudre. Mélangez avec une spatule.

3 Finition. Incorporez les 160 g de farine en pluie, puis ajoutez les 110 g de pépites de chocolat.

4 Temps de repos. Formez 2 boudins de pâte et enveloppez-les de film alimentaire. Mettez au frais 1 h.

5 Découpe. Préchauffez le four à 180° (th. 6). Ôtez le film alimentaire et découpez des rondelles de pâte d'un bon centimètre d'épaisseur.

6 Cuisson. Placez les rondelles de pâte sur une plaque de four couverte de papier sulfurisé en veillant à bien les espacer. Mettez à cuire environ 15 min. Laissez refroidir sur une grille.

*Vous rêvez de confectionner un goûter nourrissant et gourmand ?
Essayez ces super-cookies au bon goût de noisette. Pour faire bonne mesure,
ajoutez des pépites de chocolat et du sucre glace.
Un vrai régal pour les enfants !*

› Décoration

Vous pouvez décorer vos biscuits choco-noisettes de plusieurs manières. Un léger saupoudrage de sucre glace au travers d'une petite passoire fine sur le dessus des cookies sera parfait. Mais vous pouvez aussi confectionner un glaçage rapide en mélangeant 100 g de sucre glace et 1 ou 2 cuillères à soupe de jus d'orange. Vous l'appliquerez en couche un peu épaisse avec une petite cuillère à café.

Cookies *au thé vert et aux agrumes*

Ingrédients
(pour 12 cookies)

- 1 orange
- 1 mandarine
- 1 cuillère à café de thé vert
- 20 g de miel
- 1 jaune d'œuf
- 140 g de beurre (+ pour la plaque)
- 60 g de cassonade
- 130 g de farine
- 1 pincée de sel

1 Les zestes et le thé. Mettez une petite casserole d'eau à bouillir. À l'aide d'un économe, prélevez le zeste sur 1 mandarine et 1 orange. Ébouillantez le zestes pendant 2 min. Égouttez-les et rafraîchissez-les sous l'eau froide. Coupez-les en petits morceaux. Faites-les sécher sur du papier absorbant. Émiettez 1 cuillère à café de thé vert.

2 La pâte. Mettez 140 g de beurre ramolli dans un saladier. Travaillez-le avec un fouet à main jusqu'à ce qu'il prenne une consistance crémeuse. Ajoutez 60 g de cassonade, 1 pincée de sel et 20 g de miel, mélangez vigoureusement au fouet à main pour bien homogénéiser l'ensemble. Incorporez ensuite 1 jaune d'œuf.

3 Le moulage. Incorporez les zestes d'agrumes et les feuilles émiettées de thé vert sans chercher à trop mélanger. Pour finir, tamisez 130 g de farine, puis ajoutez-la au mélange précédent. Préchauffez le four à 180 °C (th. 6). Beurrez une plaque à pâtisserie et déposez dessus des cuillerées de pâte bien pleines et espacées.

4 La cuisson. Aplatissez légèrement le dessus à l'aide du dos d'une cuillère. Glissez la plaque dans le four chaud et faites cuire pendant 15 min environ. Les cookies doivent être dorés et craquants mais rester moelleux au centre. Laissez-les légèrement tiédir et décollez-les soigneusement à l'aide d'une spatule métallique.

›Astuce

Si vous préférez faire des petits cookies,
augmentez la température du four et surveillez bien la cuisson.
Évitez une trop grande coloration des petits gâteaux.

Préparation : 40 minutes | Repos : aucun | Cuisson : 15 minutes | Réalisation : facile | Coût : bon marché

Insolents et insolites, ces biscuits craquants et moelleux, piqués de zestes d'agrumes et de feuilles de thé vert ! À croquer dès la sortie du four !

›Variante

Les notes aromatiques des zestes d'agrumes répondent bien à la saveur mystérieuse du thé vert. Idéalement, à déguster avec un très bon thé, vert ou au jasmin.

Les croquants *aux fruits secs*

Ingrédients
(pour 30 croquants)

- 100 g de noix de coco râpée
- 50 g de raisins secs
- 50 g de rondelles de bananes séchées
- 30 g d'orange confite en dés
- 250 g de chocolat noir
- 100 g de sucre glace
- 140 g de margarine

1 **Préparation.** Fragmentez les 250 g de chocolat en petits morceaux. Versez les 140 g de margarine et les 250 g de chocolat dans une petite casserole à fond épais. Faites chauffer doucement.

2 **Mélange.** Ajoutez les 100 g de sucre glace. Mélangez puis ôtez du feu et laissez refroidir la pâte pendant quelques minutes.

3 **Incorporation.** Incorporez les 100 g de noix de coco râpée, les 50 g de raisins secs et les 50 g de banane séchée dans la pâte chocolatée.

4 **Finition.** Couvrez une plaque de four d'un papier sulfurisé. Déposez sur la plaque, en les espaçant bien, de petites portions de pâte.

5 **Façonnage.** Étalez ces boules de pâte avec une spatule de façon à former des disques d'environ 5 cm de diamètre. Déposez quelques dés d'orange confite sur le dessus de chaque croquant.

6 **Séchage.** Laissez refroidir les croquants. Mettez-les ensuite au réfrigérateur et sortez-les au dernier moment pour les savourer très frais.

Préparation : 10 minutes | Repos : aucun | Cuisson : 5 minutes | Réalisation : facile | Coût : bon marché

Naturellement croquants et bourrés de vitamines, ces biscuits aux fruits secs sont parfaits pour les longues marches ou les bons goûters d'hiver. Enrichis de fruits séchés ou confits, ils sont un trésor d'énergie. À déguster à volonté !

›Variante

Vous pouvez aussi réaliser la même recette en prenant, par exemple, de la mangue et de la papaye séchées ou encore des dés d'ananas et des noisettes hachées grossièrement. Vous pouvez aussi donner des formes plus régulières à vos croquants en utilisant un emporte-pièce.

Les croustillants *au caramel*

Ingrédients
(pour 4 à 6 personnes)

- 125 g de farine de blé ordinaire tamisée
- 90 g de beurre mou demi-sel
- 60 g de sucre en poudre
- 2 cl de caramel liquide
- 1/2 cuillère à café d'extrait de vanille liquide

1 Préparation. Découpez les 90 g de beurre en dés. Versez les 125 g de farine dans un saladier, incorporez les dés de beurre, puis les 60 g de sucre en poudre. Mélangez bien.

2 Incorporation. Ajoutez les 2 cl de caramel liquide et la demi-cuillère à café d'extrait de vanille liquide dans le mélange beurre-farine.

3 1er temps de repos. Couvrez la pâte de film alimentaire et mettez au frais environ 30 min.

4 2e temps de repos. Formez un boudin de pâte et enveloppez-le de nouveau dans du film alimentaire. Mettez au frais environ 6 h. Préchauffez le four à 180° (th. 6).

5 Découpe des biscuits. Découpez des rondelles de pâte d'environ 1 cm d'épaisseur. Posez-les sur une plaque de four couverte d'un papier sulfurisé en veillant à bien les espacer.

6 Cuisson. Mettez à cuire environ 12 min. Laissez refroidir sur une grille.

Préparation : 20 minutes | Repos : 6 heures 30 | Cuisson : 12 minutes | Réalisation : facile | Coût : bon marché

Ces délicats petits biscuits au caramel feront merveille à votre table quand viendra l'heure du café de l'après-midi. Délicatement parfumés à la vanille, ils sont cuits en un clin d'œil ! Préparés à l'avance, ils seront bien meilleurs !

› Astuce

Si vous n'avez pas de beurre demi-sel dans votre réfrigérateur, vous utiliserez un beurre doux et ajouterez une petite pincée de sel. Privilégiez le sel de mer non raffiné, naturel et riche en saveurs. Vous pourrez aussi saupoudrer légèrement le dessus des biscuits d'un peu de fleur de sel juste avant la cuisson.

Les biscuits *au citron confit*

Ingrédients
(pour 4 à 6 personnes)

- 250 g de farine de blé tamisée
- 100 g de sucre cassonade
- 150 g de beurre ramolli
- 1 œuf
- 1 citron non traité
- 2 pincées de levure chimique

Pour la décoration

- 50 g d'écorces de citron confit en dés
- 80 g de sucre glace
- 1/2 jus de citron

1 Préparation du citron. Rincez soigneusement le citron et brossez-le. Essuyez-le et râpez finement le zeste. Extrayez le jus.

2 Préparation de la pâte. Versez les 250 g de farine et les 2 pincées de levure chimique dans un saladier. Découpez les 150 g de beurre en dés. Mélangez avec le batteur électrique les dés de beurre et les 100 g de sucre cassonade.

3 Incorporation. Ajoutez l'œuf dans le mélange beurre-sucre. Incorporez les 250 g de farine en pluie, le jus du citron et le zeste râpé.

4 Temps de repos. Formez un long boudin de pâte et enveloppez-le dans du film alimentaire. Laissez au frais environ 1 h. Préchauffez le four à 180° (th. 6).

5 Découpe. Ôtez le film alimentaire et découpez des rondelles de pâte d'environ 1 cm d'épaisseur. Rangez-les sur une plaque de four couverte de papier sulfurisé.

6 Cuisson. Mettez à cuire environ 10 min, puis laissez refroidir les biscuits. Mélangez dans un bol les 80 g de sucre glace et le demi-jus de citron. Disposez une petite cuillère de glaçage sur chaque biscuit, puis posez un dé de zeste de citron confit.

Préparation : 25 minutes | Repos : 1 heure | Cuisson : 10 minutes | Réalisation : assez facile | Coût : assez cher

C'est l'heure du thé ? Essayez ces succulents biscuits enrichis de dés de citron confit. Leur fraîcheur et leur finesse vont vous surprendre. Faciles et très rapides à confectionner, vous pourrez les garder plusieurs jours. S'il en reste !

›Variante

Ces biscuits se prêtent particulièrement bien à de multiples variations. Vous pouvez naturellement remplacer les dés de citron confit par des dés d'orange, de mandarine ou de clémentine confites. Vous pouvez aussi incorporer directement dans la pâte de minuscules dés de fruits confits.

Les biscuits *à la crème de rhum*

Ingrédients
(pour 6 à 8 personnes)

- 400 g de farine de blé ordinaire tamisée
- 200 g de beurre ramolli
- 180 g de sucre glace
- 8 cl de lait
- 4 jaunes d'œufs
- 2 pincées de levure chimique
- 2 cuillères à soupe de rhum

Pour la crème de rhum

- 100 g de beurre ramolli
- 140 g de sucre glace
- 2 cuillères à soupe de rhum

1 Préparation. Versez les 400 g de farine et les 2 pincées de levure dans un saladier. Mélangez. Creusez un puits et ajoutez les 200 g de beurre découpés en dés, ainsi que les 180 g de sucre glace. Mélangez.

2 Ajout. Incorporez un par un les 4 jaunes d'œufs. Versez les 8 cl de lait et les 2 cuillères à soupe de rhum et mélangez.

3 Temps de repos. Formez une boule de pâte. Mettez-la dans un plat creux, couvrez de film alimentaire et laissez au frais environ 1 h.

4 Découpe. Préchauffez le four à 180° (th. 6). Sortez la pâte 20 min avant de l'étaler sur une épaisseur d'environ 3 mm. Découpez de petits biscuits à l'emporte-pièce.Rangez les biscuits sur des plaques de four couvertes de papier sulfurisé.

5 Cuisson. Mettez à cuire environ 10 min. Laissez refroidir sur une grille.

6 Finition. Versez dans un saladier les 140 g de sucre glace et ajoutez les 100 g de beurre en dés. Mélangez avec une spatule, puis ajoutez les 2 cuillères à soupe de rhum. Tartinez la moitié des biscuits d'une couche de crème, à l'aide d'une cuillère à café. Recouvrez ensuite avecun deuxième biscuit.

Préparation : 25 minutes | Repos : 1 heure | Cuisson : 10 minutes | Réalisation : facile | Coût : bon marché

Que diriez-vous de délicats petits gâteaux croustillants garnis, d'une couche fondante parfumée au rhum des îles ? Une idée originale et savoureuse à faire découvrir à vos amis autour d'un thé raffiné et exotique.

› Décoration

Vous pouvez apporter une petite touche décorative à vos biscuits en colorant la crème. Il vous suffira d'ajouter deux ou trois gouttes du colorant alimentaire de votre choix dans le mélange sucre glace-beurre-rhum. Vous pouvez aussi napper les biscuits de couverture d'une fine couche de sucre glace mélangé à un peu d'eau.

Les biscuits *framboise et gingembre*

Ingrédients
(pour 4 à 6 personnes)

- 250 g de farine de blé ordinaire tamisée
- 125 g de beurre ramolli
- 2 jaunes d'œufs
- 80 g de sucre cassonade en poudre
- 70 g d'amandes en poudre
- 2 pincées de levure chimique
- 1 pincée de sel
- 1 pot de confiture de framboises
- 125 g de sucre glace
- 4 pincées de gingembre en poudre

Ustensiles

- des emporte-pièces ronds et carrés

1 Préparation. Versez les 250 g de farine dans un saladier. Ajoutez les 2 pincées de levure et mélangez. Mettez les 125 g de beurre en dés dans un grand bol, ajoutez les 80 g de sucre cassonade. Travaillez-les avec une spatule en un mélange crémeux.

2 Mélange. Ajoutez les 2 jaunes d'œufs, la pincée de sel, la farine et les 70 g d'amandes en poudre.

3 Temps de repos. Formez une boule de pâte, enveloppez-la de film alimentaire. Mettez au frais environ 1 h.

4 Découpe. Préchauffez le four à 180° (th. 6). Étalez la pâte et découpez des biscuits à l'aide des emporte-pièce.

5 Cuisson. Placez les biscuits sur une ou deux plaques de four couvertes de papier sulfurisé. Mettez à cuire environ 8 min. Laissez refroidir sur une grille. Couvrez la moitié des biscuits de confiture de framboises.

6 Finition. Placez un deuxième biscuit par-dessus. Mélangez dans un bol les 125 g de sucre glace, les 4 pincées de gingembre et 2 cuillères à soupe d'eau chaude. Nappez le dessus des biscuits fourrés de ce glaçage. Décorez de quelques stries faites avec une fourchette.

Préparation : 20 minutes | Repos : 1 heures | Cuisson : 8 minutes | Réalisation : assez facile | Coût : assez cher

Des biscuits tout en fraîcheur pour un repas en plein air, ça vous dit ?
Framboises, gingembre, cassonade...
Cette recette fait la part belle aux saveurs d'enfance.
À préparer avec petits et grands et à déguster autour d'un bon verre de jus de fruits !

›Variante

Vous pouvez utiliser du sucre glace pour confectionner la pâte de vos biscuits.
Ils gagneront en croustillant et en finesse à la dégustation.
Vous pouvez aussi réaliser cette recette avec une confiture de fraises,
et parfumer le glaçage avec 3 pincées de cannelle en poudre.

Les biscuits *aux fruits de la passion*

Ingrédients
(pour 4 à 6 personnes)

- 220 g de beurre ramolli
- 270 g de farine de blé pâtissière tamisée
- 100 g de sucre en poudre
- 70 g de semoule fine de blé
- zeste râpé d'une orange non traitée
- 3 fruits de la passion

1 Préparation. Ouvrez les fruits de la passion et prélevez la chair avec une petite cuillère.

2 Mélange. Découpez les 220 g de beurre en dés. Mettez-les dans un saladier. Ajoutez les 100 g de sucre et mélangez bien avec une spatule.

3 Ajout. Ajoutez les 270 g de farine en pluie, les 70 g de semoule, la chair des fruits de la passion et le zeste d'orange râpé. Mélangez.

4 Temps de repos. Formez un long boudin de pâte. Enveloppez-le de film alimentaire et mettez au frais environ 30 min.

5 Découpe. Préchauffez le four à 160° (th. 5-6). Découpez des biscuits d'épaisseur régulière. Disposez les biscuits sur une plaque de four couverte de papier sulfurisé.

6 Cuisson. Mettez à cuire environ 15 min. Laissez refroidir sur une grille.

Préparation : 15 minutes | *Repos : 30 minutes* | *Cuisson : 15 minutes* | *Réalisation : facile* | *Coût : assez cher*

Les fruits de la passion ont une saveur si extraordinaire que tous les pâtissiers s'en sont emparés. Dans cette recette très simple, ils font merveille. À servir avec un bon thé.

›Les fruits de la passion

Fruit d'une plante originaire du Brésil, le fruit de la passion se présente le plus souvent sous la forme d'une boule de la taille d'un œuf. Certaines variétés sont de la grosseur d'un melon ! Le fruit mûr présente une peau très fine et légèrement plissée sur une enveloppe épaisse et dure. La pulpe à l'intérieur est très juteuse et très fruitée.

Les biscuits *à la muscade*

Ingrédients
(pour 4 à 6 personnes)

- 280 g de farine de blé pâtissière tamisée
- 200 g de sucre cassonade en poudre
- 100 g d'amandes émondées
- 1 œuf
- 120 g de beurre ramolli
- 4 pincées de muscade en poudre
- 1 pincée de cannelle en poudre
- 1 pincée de sel
- 2 cuillères à soupe de lait

1 Préparation. Découpez les 120 g de beurre en dés. Mettez-les dans un saladier et ajoutez les 200 g de sucre. Mélangez bien. Hachez grossièrement les 100 g d'amandes.

2 Ajout. Ajoutez l'œuf, puis les amandes, les 4 pincées de muscade, la pincée de cannelle et la pincée de sel dans le mélange beurre/sucre.

3 Finition. Versez les 280 g de farine en pluie et mélangez bien.

4 Temps de repos. Partagez la pâte en deux. Formez 2 boudins de pâte et enveloppez-les de film alimentaire. Aplatissez-les légèrement. Mettez au frais 1 h.

5 Découpe. Préchauffez le four à 150° (th. 5). Découpez des rondelles de pâte d'un demi-centimètre d'épaisseur. Placez-les sur une plaque de four couverte de papier sulfurisé.

6 Cuisson. Badigeonnez d'un peu de lait. Mettez à cuire environ 10 min. Laissez refroidir sur une grille.

Préparation : 15 minutes | Repos : 1 heure | Cuisson : 10 minutes | Réalisation : facile | Coût : assez cher

Quand vient l'heure du café, quoi de meilleur qu'une bouchée sucrée et subtilement épicée ? Muscade, cannelle, un accord indémodable. À savourer avec un bon chocolat chaud.

›Conservation

Si vous souhaitez congeler votre pâte à biscuits, remplacez une partie de la quantité de farine par de la fécule de maïs ou de pommes de terre. Prévoyez 230 g de farine et 50 g de fécule. Découpez les biscuits et enveloppez-les séparément de papier aluminium. Rangez-les dans un sac plastique et placez au congélateur. Vous les décongèlerez avant de les cuire au four.

Les biscuits *noix-cassonade*

Ingrédients
(pour 20 biscuits)

- 220 g de farine de blé ordinaire tamisée
- 100 g de sucre cassonade
- 10 cl d'huile de tournesol
- 2 œufs
- 1 cuillère à café d'extrait de vanille liquide
- 60 g de pépites de chocolat
- 40 g de cerneaux de noix hachées
- 1/2 sachet de levure chimique
- 1 pincée de sel

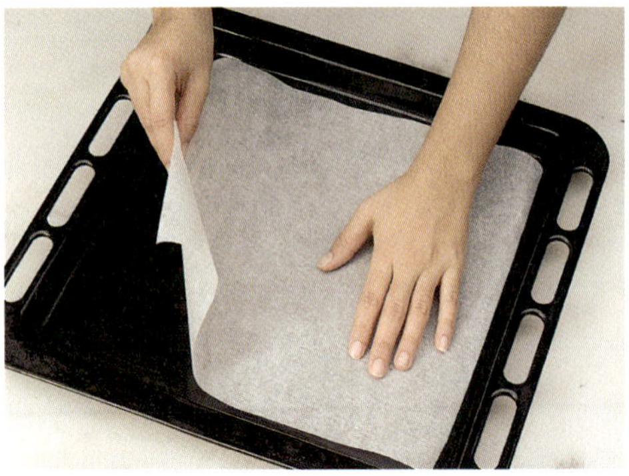

1 Préparation. Préchauffez le four à 180° (th. 6). Couvrez une plaque de four de papier sulfurisé.

2 Préparation de la farine. Versez les 220 g de farine dans un saladier, ajoutez le demi-sachet de levure. Mélangez.

3 Mélange. Versez les 100 g de sucre cassonade, les 10 cl d'huile, les 2 œufs, la cuillère à café d'extrait de vanille et la pincée de sel dans un saladier. Fouettez vivement le tout avec le batteur électrique.

4 Incorporation. Versez la farine en pluie dans le mélange sucre-œufs-huile. Ajoutez les 60 g de pépites de chocolat et les 40 g de cerneaux de noix. Mélangez.

5 Façonnage. Formez de petits tas de pâte sur la plaque de four en vous aidant de 2 cuillères à soupe. Veillez à bien espacer les biscuits.

6 Cuisson. Mettez à cuire environ 10 min. Laissez refroidir sur une grille.

Préparation : 15 minutes | *Repos : aucun* | *Cuisson : 10 minutes* | *Réalisation : facile* | *Coût : assez cher*

Goûtez ces délicieux biscuits qui associent de manière très goûteuse le léger croustillant de la cassonade aux saveurs vanillées et aux parfums chaleureux de la noix. Des biscuits à déguster pour le plaisir à toute heure de la journée.

› Astuce

Si vous n'avez pas de papier sulfurisé à disposition pour couvrir la plaque du four, n'oubliez pas de la beurrer et de la fariner légèrement avant de disposer les biscuits. Surveillez toujours la cuisson de vos biscuits, pour les sortir du four au bon moment, lorsqu'ils auront pris une jolie couleur dorée.

Les biscuits *à l'orange et au cognac*

Ingrédients
(pour 4 à 6 personnes)

- 280 g de farine de blé ordinaire tamisée
- 170 g de beurre ramolli
- 2 jaunes d'œufs
- 1 orange non traitée
- 2 cuillères à soupe de lait
- 1 cuillère à soupe de cognac
- 100 g de sucre cassonade
- 1 pincée de sel

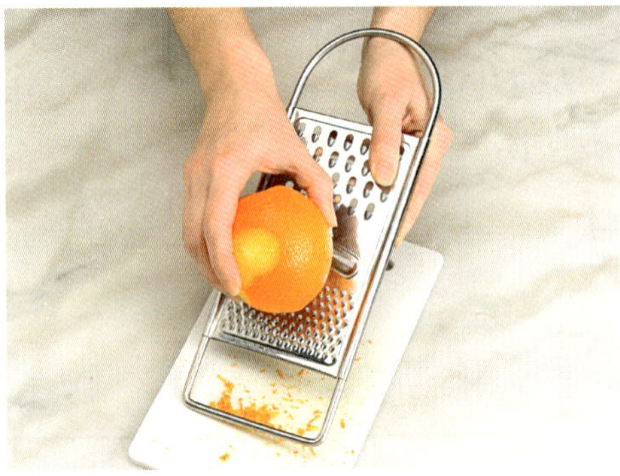

1 Préparation de l'orange. Lavez l'orange, brossez-la et essuyez-la. Râpez finement le zeste.

2 Mélange beurre-sucre. Découpez les 170 g de beurre en dés. Mettez-les dans un saladier. Ajoutez les 100 g de sucre cassonade et la pincée de sel. Battez le tout en un mélange mousseux.

3 Incorporation. Incorporez les 2 jaunes d'œufs et la cuillère à soupe de cognac dans le mélange beurre-sucre. Versez les 280 g de farine en pluie. Ajoutez le zeste d'orange râpé.

4 Temps de repos. Formez un long boudin de pâte et enroulez-le dans du film alimentaire. Laissez au frais environ 1 heure.

5 Découpe. Préchauffez le four à 180° (th. 6). Ôtez le film alimentaire et découpez des rondelles d'environ 1 cm d'épaisseur.

6 Cuisson. Placez un papier sulfurisé sur une plaque de four. Répartissez les rondelles de pâte. Badigeonnez de lait. Mettez à cuire environ 10 min. Laissez refroidir sur une grille.

Préparation : 15 minutes | Repos : 1 heure | Cuisson : 10 minutes | Réalisation : facile | Coût : assez cher

Cette recette de biscuits nous vient de la région de Cognac.
Elle marie merveilleusement alcool et orange.
La texture friable et délicate de ces biscuits en fait des compagnons distingués pour votre pause thé de l'après-midi.

› Astuce

Surveillez toujours votre cuisson au four lorsque vous confectionnez des pâtisseries.
Le temps indiqué demeure certes un temps de référence, mais avec les innovations technologiques, chaque four est différent dans sa manière de cuire.
Les biscuits doivent simplement dorer et il suffit parfois de quelques secondes pour qu'ils noircissent !

Les biscuits *aux raisins secs*

Ingrédients
(pour 10 scones)

- 220 g de farine de blé ordinaire
- 70 g de beurre ramolli
- 5 cl de crème fraîche liquide
- 1 œuf + 1 jaune
- 70 g de sucre en poudre
- 50 g de raisins secs
- 1/4 de sachet de levure chimique
- 1 pincée de sel

Ustensile

- un emporte-pièce rond

1 Préparation. Préchauffez le four à 210° (th. 7). Versez les 220 g de farine et le quart de sachet de levure dans un saladier.

2 Ajout. Découpez les 70 g de beurre en dés et ajoutez-les dans la farine.

3 Mélange. Ajoutez l'œuf, les 5 cl de crème, les 70 g de sucre en poudre, la pincée de sel et mélangez.

4 Finition. Incorporez les 50 g de raisins secs dans la pâte.

5 Façonnage. Étalez la pâte sur un plan de travail fariné sur une épaisseur d'environ 1,5 cm.

6 Cuisson. Découpez de petits biscuits à l'aided'un verre ou d'un emporte-pièce. Rangez-les sur une plaque de four couverte de papier sulfurisé. Badigeonnez d'un peu de jaune d'œuf. Mettez à cuire environ 12 min. Laissez refroidir sur une grille.

Préparation : 25 minutes	Repos : aucun	Cuisson : 12 minutes	Réalisation : facile	Coût : assez che

Jouez l'élégance et la simplicité. Cette recette très facile est un modèle d'équilibre des saveurs. À servir au moment du thé de l'après-midi ou à réserver pour le goûter des enfants. Un petit plaisir très nourrissant au retour de l'école !

›Variante

Vous pouvez enrichir ces biscuits en incorporant dans la pâte une pincée de cannelle ou de gingembre frais râpé. Vous pouvez aussi faire macérer vos raisins secs dans 10 cl de jus d'orange ou dans un peu de cognac. Mais attention, dans ce cas, veillez à bien les essuyer avant de les incorporer dans la pâte.

Les biscuits secs *au cacao*

Ingrédients
(pour 4 à 6 personnes)

- 200 g de farine de blé ordinaire tamisée
- 100 g de beurre ramolli
- 100 g de sucre en poudre
- 15 cl de lait
- 1 cuillère à soupe de cacao en poudre
- 1 pincée de levure chimique

1 Préparation. Découpez les 100 g de beurre en dés. Versez les 200 g de farine, la cuillère à soupe de cacao en poudre et la pincée de levure chimique dans un saladier et mélangez. Ajoutez les dés de beurre et les 100 g de sucre en poudre. Mélangez le tout.

2 Incorporation du lait. Versez les 15 cl de lait dans le saladier et mélangez à nouveau. Votre pâte doit être bien lisse.

3 Temps de repos. Formez une boule de pâte, enveloppez-la d'un film alimentaire et mettez au frais pendant 1 heure.

4 Façonnage. Préchauffez le four à 180° (th. 6). Étalez la pâte en une couche régulière en vous aidant d'un rouleau à pâtisserie. Découpez des biscuits en utilisant des emporte-pièce de formes variées.

5 Dorure. Badigeonnez le dessus des biscuits d'un peu de lait à l'aide d'un pinceau.

6 Cuisson. Mettez au four pendant une dizaine de min. Les biscuits vont joliment dorer. Laissez refroidir sur une grille.

Préparation : 30 minutes | Repos : 1 heure | Cuisson : 10 minutes | Réalisation : facile | Coût : bon marché

Envie d'un petit biscuit pour accompagner avec bonheur votre thé de l'après-midi ? Alors, préparez sans tarder ces délicieuses spécialités riches en beurre, en farine de blé et en bon cacao. Vous allez adorer leur croustillant et leur légèreté incomparables.

›Astuce

Pour la finition de vos biscuits, vous pouvez les dorer avec un peu de jaune d'œuf battu que vous badigeonnerez en vous aidant d'un pinceau à pâtisserie et ensuite les saupoudrer d'une cuillère à soupe de sucre cristallisé avant de les mettre au four. Vous pouvez aussi les couvrir d'une fine couche de sucre glace après la cuisson, une fois les biscuits bien refroidis.

Les biscuits *yaourt et orange*

Ingrédients
(pour 4 à 6 personnes)

- 250 g de farine de blé pâtissière tamisée
- 120 g de beurre ramolli
- 120 g de sucre en poudre
- 1 cuillère à soupe de zeste d'orange finement râpé
- 4 jaunes d'œufs
- 2 cuillères à soupe de yaourt nature
- 2 pincées de levure chimique

Ustensiles

- des emporte-pièces de différentes formes

1 Préparation. Versez les 250 g de farine et les 2 pincées de levure dans un saladier. Mélangez.

2 Mélange. Faites un puits et mettez-y les 120 g de beurre découpés en dés. Travaillez la pâte du bout des doigts.

3 Finition. Ajoutez les 120 g de sucre en poudre, 2 jaunes d'œufs, la cuillère à soupe de zeste d'orange râpé et les 2 cuillères à soupe de yaourt nature. Mélangez.

4 Temps de repos. Formez une boule de pâte, puis enveloppez-la de film alimentaire.Mettez au frais environ 1 h. Préchauffez le four à 210° (th. 7).

5 Découpe. Étalez la pâte sur une épaisseur d'un demi-centimètre. Découpez des biscuits avec les emporte-pièce.

6 Cuisson. Disposez les biscuits sur une plaque de four couverte de papier sulfurisé en veillant à les espacer. Dorez le dessus avec du jaune d'œuf battu en vous aidant d'un pinceau. Mettez à cuire environ 8 min. Laissez refroidir sur une grille.

*Ces biscuits à l'orange méritent qu'on leur consacre un moment de choix.
Prenez le temps de les savourer autour d'un bon thé parfumé.
Prêts en quelques minutes, ils peuvent fort bien se conserver plusieurs jours !*

› Dégustation

Servez ces biscuits avec un yaourt crémeux, auquel vous aurez ajouté 1 cuillère à soupe de miel liquide toutes fleurs. Pour les plus gourmands, vous pourrez également confectionner une crème délicieuse en mélangeant 200 g de crème fraîche fouettée en chantilly avec 4 cuillères à soupe de crème pralinée.

Les bouchées croustillantes *au lait concentré*

Ingrédients
(pour 4 à 6 personnes)

- 400 g de lait concentré sucré
- 200 g de chocolat noir pâtissier
- 1 œuf
- 180 g de céréales croustillantes pour le petit déjeuner
- une vingtaine de cerneaux de noix
- 1 pincée de cannelle en poudre

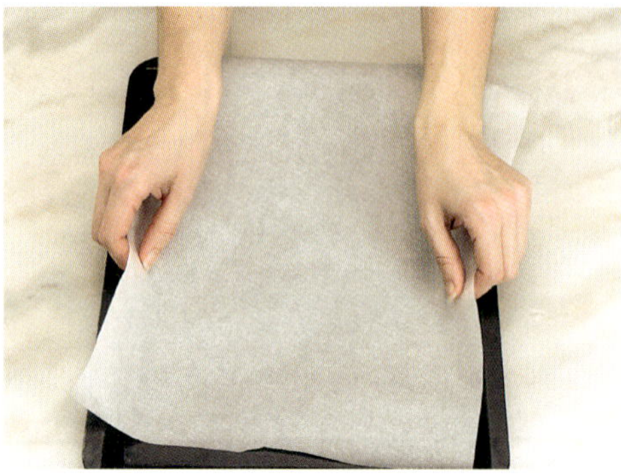

1 Préparation. Préchauffez le four à 150° (th. 5). Couvrez une plaque de four de papier sulfurisé.

2 Préparation du chocolat. Découpez les 200 g de chocolat en petits carrés. Mettez-les dans une casserole, ajoutez la pincée de cannelle, 2 cuillères à soupe d'eau et faites fondre doucement.

3 Incorporation. Cassez l'œuf dans un bol et fouettez rapidement. Ajoutez les 400 g de lait concentré et l'œuf battu dans le chocolat fondu.

4 Finition. Incorporez les 180 g de céréales dans la casserole contenant le mélange chocolaté.

5 Façonnage. Disposez de petits tas de pâte sur la plaque de four, en veillant à bien les espacer. Ajoutez un cerneau de noix sur chaque bouchée.

6 Cuisson. Mettez à cuire environ 10 min. Laissez refroidir sur une grille.

Préparation : 15 minutes | Repos : aucun | Cuisson : 10 minutes | Réalisation : facile | Coût : assez cher

Quoi de plus agréable qu'une pause gourmandise
faite de bon chocolat noir pâtissier, de lait et de céréales ?
Voilà du tonus en perspective ! À savourer à toute heure de la journée
quand une petite faim se fait sentir…

›Astuce

Ayez toujours du lait concentré en réserve dans vos armoires : il vous permettra de préparer toutes sortes de délicieuses recettes salées et sucrées sans souci. Facile à stocker, il se conserve très bien durant plusieurs mois. Le lait concentré sucré est le péché mignon de nombreux gourmands, qui adorent s'en régaler à la cuillère. Attention cependant aux calories…

Les bouchées *siciliennes*

Ingrédients
(pour 4 à 6 personnes)

- 250 g de farine de blé pâtissière tamisée
- 140 g de beurre ramolli
- 120 g de sucre glace
- 1 orange non traitée
- 1 cuillère à soupe de jus d'orange
- 1 jaune d'œuf
- 1 pincée de sel

1 Préparation. Découpez les 140 g de beurre en dés et mettez-les dans un saladier. Travaillez le beurre, avec une spatule, en une crème onctueuse. Incorporez les 120 g de sucre glace. Rincez l'orange, essuyez-la et râpez finement le zeste.

2 Finition de la pâte. Versez les 250 g de farine en pluie dansle mélange beurre-sucre. Ajoutez la cuillère à soupe de jus d'orange, le zeste râpé, la pincée de sel et mélangez bien.

3 Façonnage. Partagez la pâte en deux parties égales. Formez 2 boudins de pâte et enveloppez-les dans du film alimentaire.

4 Temps de repos. Donnez aux boudins de pâte la forme de triangles ou de carrés. Laissez au frais environ 2 h.

5 Découpe. Préchauffez le four à 180° (th. 6). Découpez la pâte en rondelles assez épaisses. Placez-les sur une plaque de four couverte d'un papier sulfurisé. Veillez à bien les espacer. Badigeonnez-les de jaune d'œuf.

6 Cuisson. Mettez les biscuits à cuire environ 12 min. Laissez refroidir sur une grille.

Préparation : 15 minutes | Repos : 2 heures | Cuisson : 12 minutes | Réalisation facile | Coût : bon marché

Donnez un air d'Italie à votre pause café.
Ces bouchées siciliennes gorgées de soleil, et au bon goût d'orange,
vont délier les langues. Un plaisir intense et suave
prêt en un clin d'œil.

›Astuce

Si vous n'avez pas le temps de laisser votre beurre ramollir à la température ambiante, vous pouvez très bien le mettre quelques instants dans votre four à micro-ondes. Par ailleurs, au cas où vous ne disposeriez pas d'une orange fraîche, vous pouvez aussi prendre des zestes d'orange confits pour parfumer votre pâte.

Les feuilletés *aux pommes et à l'orange*

Ingrédients
(pour 4 à 6 personnes)

- 400 g de pâte feuilletée
- 500 g de pommes
- le jus d'un demi-citron
- 1 orange non traitée
- 2 cuillères à soupe de sucre en poudre
- 20 g de raisins secs
- 2 cuillères à soupe d'amandes effilées
- 1 jaune d'œuf

1 Préparation de l'orange. Préchauffez le four à 200° (th. 6-7). Rincez l'orange, essuyez-la et râpez finement le zeste. Pressez- la pour en extraire le jus.

2 Préparation des raisins. Mettez les 20 g de raisins secs dans un bol. Versez le jus d'orange sur les raisins.

3 Préparation des pommes. Épluchez les 500 g de pommes, coupez-les en quatre, ôtez le cœur et les pépins et découpez la chair en petits dés. Citronnez légèrement.

4 Découpe. Étalez la pâte. Couvrez une plaque de four de papier sulfurisé. Découpez des carrés de pâte d'environ 12 cm. Égouttez les raisins et mélangez avec les dés de pommes, les 2 cuillères à soupe de sucre en poudre et le zeste d'orange râpé.

5 Garnissage. Mettez au milieu de chaque carré de pâte un peu de farce. Badigeonnez les côtés d'un peu d'eau et rabattez un côté pour former un rectangle. Recouvrez d'un peu de jaune d'œuf battu et saupoudrez d'amandes effilées.

6 Cuisson. Mettez à cuire environ 15 min. Laissez tiédir sur une grille

Préparation : 25 minutes | *Repos : aucun* | *Cuisson : 15 minutes* | *Réalisation : assez facile* | *Coût : assez cher*

Au cœur de ces bouchées feuilletées, de la fraîcheur et une douce amertume. Le mélange pommes-orange trouve dans cette recette une harmonie souveraine. À servir pour le goûter des enfants ou un peu plus tard, à l'heure du thé.

› Variante

Préparez un mélange pommes-poires pour enrichir les saveurs de vos feuilletés. Dans ce cas, ajoutez 20 g de dés d'abricots séchés à votre garniture. Épicez légèrement votre préparation en ajoutant deux pincées de cannelle en poudre ou de muscade râpée. Pour les adultes gourmands, ajoutez une cuillère à soupe de cognac avec le jus d'orange.

Les florentins *aux amandes*

Ingrédients
(pour 24 florentins)

- 100 g d'écorces d'oranges confites
- 50 g de bigarreaux confits
- 100 g d'amandes effilées
- 150 g de sucre en poudre
- 50 g de miel d'acacia liquide
- 15 cl de crème fraîche
- 60 g de farine de blé ordinaire tamisée
- 100 g de chocolat noir
- 100 g de chocolat au lait

1 PRÉPARATION DES FRUITS CONFITS. Découpez en petits dés les 100 g d'écorces d'oranges et les 50 g de bigarreaux. Mélangez-les aux 100 g d'amandes effilées.

2 CUISSON DU SUCRE. Versez dans une casserole les 150 g de sucre en poudre, les 50 g de miel et les 15 cl de crème fraîche. Faites cuire 5 min en remuant. Retirez du feu. Ajoutez les fruits confits.

3 AJOUT DE LA FARINE. Incorporez peu à peu les 60 g de farine en pluie fine dans le mélange de fruits. Préchauffez le four à 180° (th. 6).

4 REMPLISSAGE DES PLAQUES. Couvrez 2 plaques à pâtisserie d'une feuille de papier sulfurisé. Disposez 12 cuillères à café de préparation en les espaçant sur chacune des plaques.

5 CUISSON. Enfournez et faites cuire 8 min. Laissez refroidir hors du four.

6 TREMPAGE DANS LE CHOCOLAT. Concassez les deux chocolats dans deux saladiers séparés. Faites-les fondre au bain-marie. Laissez tiédir. Trempez la moitié de chaque florentin. Laissez durcir au frais avant de servir.

Préparation : 45 minutes | Repos : aucun | Cuisson : 8 minutes | Réalisation : facile | Coût : assez cher

Voici de délicates petites gourmandises à offrir à la fin du repas pour un café très raffiné ou encore à l'heure du thé... Ces biscuits italiens sont une merveille riche en couleurs et en goût.

› Conservation

Vous pouvez très bien préparer à l'avance les florentins aux amandes. Ils se conserveront parfaitement durant 4 à 5 jours si vous prenez soin de les ranger à l'abri de l'humidité, dans une boîte métallique à fermeture hermétique.

Les galettes *irlandaises*

Ingrédients
(pour 6 personnes)

- 250 g de farine de blé pâtissière tamisée
- 120 g de beurre ramolli
- 120 g de sucre en poudre
- 5 cuillères à soupe de lait + 3 cl
- 2 pincées de sel

1 Préparation. Préchauffez le four à 180° (th. 6). Versez les 250 g de farine et les 2 pincées de sel dans un saladier. Mélangez.

2 Préparation du beurre. Découpez les 120 g de beurre en dés.

3 Incorporation du beurre. Incorporez peu à peu les dés de beurre dans la farine en travaillant la pâte du bout des doigts.

4 Finition. Ajoutez les 120 g de sucre en poudre en pluie et mélangez encore. Incorporez les 5 cuillères à soupe de lait.

5 Découpe. Formez un long boudin de pâte et découpez des tranches de pâte d'environ 1,5 cm d'épaisseur. Lissez les contours avec les doigts pour uniformiser leur forme (ronde ou carrée).

6 Cuisson. Placez les tranches de pâte sur une plaque de four couverte d'un papier sulfurisé. Badigeonnez le dessus des biscuits d'un peu de lait avec un pinceau. Mettez à cuire environ 15 min. Laissez refroidir sur une grille.

Préparation : 15 minutes | Repos : aucun | Cuisson : 15 minutes | Réalisation : facile | Coût : bon marché

Connaissez-vous les galettes irlandaises ?
Rien de tel pour oublier la grisaille et la pluie !
Croustillantes et fines en bouche, elles s'apprécient tout particulièrement l'après-midi, avec un bon thé fumant.

› Dégustation

Les Irlandais adorent confectionner des biscuits et des gâteaux pour apprécier leur traditionnelle pause thé de l'après-midi. Vous pouvez aussi proposer comme boisson d'accompagnement un café très sucré auquel vous aurez ajouté une cuillère à soupe par personne de whisky.

Les navettes

Ingrédients
(pour 4 à 6 personnes)

- 250 g de farine de blé ordinaire tamisée
- 100 g de sucre glace
- 125 g de beurre ramolli
- 1 cuillère à café d'eau de fleur d'oranger
- 8 cuillères à soupe d'eau
- 1 pincée de sel

1 **Préparation du beurre.** Préchauffez le four à 170° (th. 5-6). Découpez les 125 g de beurre ramolli en dés et mettez-les dans un saladier.

2 **Mélange.** Ajoutez les 100 g de sucre glace dans le saladier et mélangez du bout des doigts.

3 **Incorporation.** Incorporez peu à peu les 250 g de farine, la pincée de sel, les 8 cuillères à soupe d'eau et la cuillère à café d'eau de fleur d'oranger dans le mélange beurre-sucre.

4 **Façonnage.** Partagez la pâte en morceaux. Formez de longs boudins de pâte et découpez-les en petits tronçons d'environ 6 cm de long.

5 **Finition.** Pincez les 2 extrémités de chaque petit tronçon de pâte. Appuyez avec le doigt au milieu pour donner une forme de navette.

6 **Cuisson.** Couvrez une plaque de four de papier sulfurisé. Posez les navettes et mettez à cuire environ 20 min. Laissez refroidir sur une grille.

Préparation : 25 minutes | Repos : aucun | Cuisson : 20 minutes | Réalisation : assez facile | Coût : bon marché

Réalisez chez vous ces célèbres biscuits marseillais qui font les délices des gourmands ! Avec leur délicat parfum de fleur d'oranger, les navettes sont une spécialité très savoureuse qui convient bien à une pause thé ou café.

›Conservation

Les navettes se conservent très bien durant plusieurs jours, à l'abri de l'humidité et de l'air. Une boîte à biscuits métallique sera parfaite pour leur permettre de garder tout leur parfum et toutes leurs saveurs ! Veillez simplement à ce que vos biscuits soient complètement refroidis à l'air avant de les y ranger.

Les palets *de dame*

Ingrédients
(pour 20 palets)

- 50 g de raisins de Corinthe
- 5 cuillères à soupe de rhum
- 2 œufs
- 125 g de beurre
- 125 g de sucre en poudre
- 150 g de farine
- 1 pincée de sel

1 Le beurre ramolli. Passez une jatte sous l'eau très chaude pendant quelques minutes, puis essuyez-la. Coupez 125 g de beurre en morceaux, mettez ceux-ci dans la jatte chaude et laissez-les ramollir à température ambiante

2 Le trempage des raisins. Rincez 50 g de raisins de Corinthe. Épongez-les sur du papier absorbant, mettez-les dans un bol, arrosez-les avec 5 cuillères à soupe de rhum et laissez-les tremper au moins 15 min. Tamisez 150 g de farine.

3 La préparation du beurre sucré. Préchauffez votre four à 200 °C (th. 6-7). Couvrez une plaque à pâtisserie de papier sulfurisé. Fouettez le beurre avec un fouet à main. Ajoutez-y 125 g de sucre et fouettez longuement. Incorporez 1 œuf battu.

4 La finition de la pâte. Ajoutez un deuxième œuf battu, en fouettant toujours, puis incorporez la farine tamisée et 1 pincée de sel. Lorsque la pâte est homogène, ajoutez les raisins et leur liquide de macération. Mélangez bien.

5 La formation des palets. À l'aide d'une cuillère à café, déposez la pâte en petits tas sur la plaque à pâtisserie, en vous aidant d'une autre petite cuillère. Laissez un espace suffisant entre les tas de pâte pour qu'ils s'étalent.

6 La finition et la cuisson. Aplatissez chaque tas avec le dos d'une fourchette humide. Faites cuire au four pendant 10 min, jusqu'à ce que le tour des palets soit doré. Retirez les palets avec une spatule. Laissez-les refroidir sur une grille.

De savoureux biscuits relevés de rhum et de raisins secs, que nos grands-mères préparaient en un tour de main et qui se dégustent tout aussi rapidement.

›Astuce

Passez les raisins sous l'eau froide, dans une passoire, et vérifiez qu'il ne reste pas de queue attachée.
N'ajoutez un ingrédient que lorsque le précédent est bien amalgamé.
Laissez au moins 3-4 cm entre les tas de pâte car celle-ci va s'étaler pendant la cuisson.
Surveillez la cuisson des palets : le tour doit être doré et le centre doit rester clair.
Si vous ne les dégustez pas tout de suite, conservez ces palets quelques jours dans une boîte hermétique.

Les palets *niçois*

Ingrédients
(pour 9 à 12 palets)

- 100 g de sucre glace
- 2 blancs d'œufs
- 60 g de beurre ramolli
- 30 g d'amandes en poudre
- 30 g de dés d'orange confite
- 1 cuillère à café de rhum

1 PRÉPARATION. Préchauffez le four à 180° (th. 6). Découpez les 60 g de beurre en dés et mettez-les dans un saladier. Travaillez avec une spatule pour le rendre crémeux.

2 INCORPORATION. Versez les 100 g de sucre glace en pluie tout en mélangeant. Ajoutez les 2 blancs d'œufs.

3 FINITION DE LA PÂTE. Incorporez les 30 g de dés d'orange confite, les 30 g d'amandes en poudre et la cuillère à café de rhum et mélangez de nouveau.

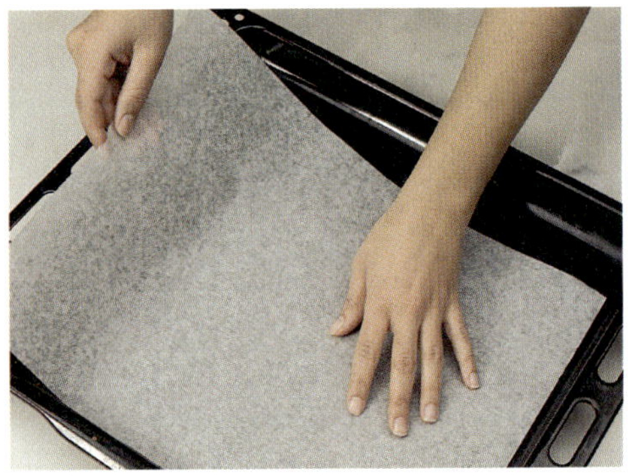

4 PRÉPARATION DE LA PLAQUE DE FOUR. Posez une feuille de papier sulfurisé sur une plaque de four.

5 FAÇONNAGE. Déposez un peu de pâte en vous aidant de 2 cuillère à café. Pépétez l'opération en prenant soin de bien espacer les palets, car ils vont s'étaler à la cuisson.

6 CUISSON. Mettez à cuire environ 12 min. Laissez refroidir sur la plaque à la sortie du four. Ôtez délicatement les palets à l'aide d'une spatule et placez-les sur une assiette de service.

Préparation : 15 minutes | Repos : aucun | Cuisson : 12 minutes | Réalisation : assez facile | Coût : assez cher

Mettez-vous à l'heure de la Côte d'Azur et préparez ces délicieux petits palets niçois, tout en fondant et en croustillant. Vraiment rapides à préparer, vous les confectionnerez au dernier moment et les savourerez dans l'instant !

›Variante

Vous pouvez remplacer les dés d'orange confite par des dés de citron, voire par des raisins secs que vous aurez préalablement trempés dans 2 cuillères à soupe de rhum – ou un peu de pastis pour rester dans l'ambiance méditerranéenne ! Quelques pépites de chocolat seront aussi du plus bel effet.

Les petits biscuits *au porto*

Ingrédients
(pour 20 biscuits)

- 250 g de farine de blé ordinaire tamisée
- 120 g de sucre en poudre
- 110 g de beurre ramolli
- 3 cuillères à soupe de porto
- 1 jaune d'œuf
- 1 pincée de sel

Ustensiles

- des emporte-pièces

1 Préparation du beurre. Découpez les 110 g de beurre en dés.

2 Préparation de la pâte. Versez les 250 g de farine et la pincée de sel dans un saladier. Creusez un puits.

3 Ajout. Ajoutez les 120 g de sucre en poudre et les 3 cuillères à soupe de porto dans la pâte.

4 Finition. Incorporez les dés de beurre dans la pâte. Mélangez rapidement du bout des doigts. Préchauffez le four à 180° (th.6).

5 Découpe. Étalez la pâte sur un plan de travail légèrement fariné sur une épaisseur d'environ un demi-centimètre. Découpez-la à l'emporte-pièce.

6 Cuisson. Rangez les biscuits sur une plaque de four couverte de papier sulfurisé. Badigeonnez le dessus de jaune d'œuf. Mettez à cuire environ 8 min. Laissez refroidir sur une grille.

Préparation : 20 minutes | Repos : aucun | Cuisson : 8 minutes | Réalisation : facile | Coût : bon marché

Quand viendra l'heure du thé gourmand,
vous ferez des heureux en leur proposant ces délicats petits biscuits
aux saveurs fruitées d'un bon vin de porto.
À savourer de préférence le jour même, tout juste sortis du four…

› Variante

Deux sachets de sucre vanillé ajoutés dans la pâte apporteront une agréable note à vos petits biscuits au porto.
Vous pouvez aussi les saupoudrer d'un peu de sucre glace parfumé d'une pincée de vanille en poudre lorsqu'ils seront complètement refroidis.

Les petites bouchées *aux pignons*

Ingrédients
(pour 6 personnes)

- 200 g d'amandes en poudre
- 40 g de pignons
- 3 blancs d'œufs
- 100 g de sucre en poudre
- 1 cuillère à café d'extrait de vanille liquide

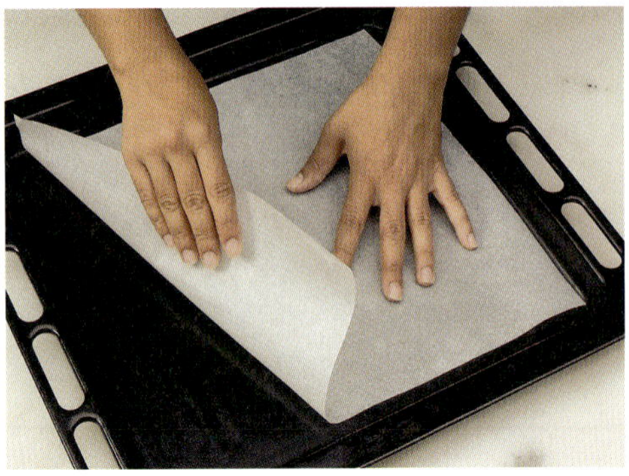

1 **Préparation.** Préchauffez le four à 180° (th. 6). Couvrez une plaque de four de papier sulfurisé.

2 **Préparation de la pâte.** Versez les 200 g d'amandes en poudre dans un saladier.

3 **Mélange.** Ajoutez les 100 g de sucre en poudre, puis les 3 blancs d'œufs et 1 cuillère à café de vanille liquide. Mélangez.

4 **Finition.** Incorporez les pignons dans la pâte.

5 **Façonnage.** Prélevez de petites boules de pâte, roulez-les, puis donnez-leur une forme carrée.

6 **Cuisson.** Rangez les bouchées sur la plaque de four. Mettez à cuire environ 5 min. Laissez refroidir sur une grille.

Préparation : 10 minutes	Repos : aucun	Cuisson : 5 minutes	Réalisation : facile	Coût : assez cher

Quoi de plus raffiné qu'un bon café agrémenté de petites bouchées aux amandes et aux pignons ? Vous les savourerez très fraîches en les saupoudrant simplement d'un nuage de sucre glace.

›Astuce

Vous pouvez faire griller légèrement les pignons dans une poêle antiadhésive avant de les incorporer à votre pâte. Ils seront encore plus parfumés ! Conservez de préférence vos pignons au frais et à l'abri de l'air pour éviter qu'ils ne rancissent.

Les petites galettes *au beurre*

Ingrédients
(pour 4 à 6 personnes)

- 200 g de farine de blé ordinaire tamisée
- 100 g de beurre ramolli
- 100 g de sucre en poudre
- 5 cl de lait
- 1 pincée de levure chimique
- 2 jaunes d'œufs pour la dorure

Ustensiles

- des emporte-pièces de forme ronde d'environ 4 cm de diamètre

1 Préparation. Versez les 200 g de farine dans un saladier, ajoutez la pincée de levure chimique et mélangez. Creusez un puits et déposez les 100 g de beurre découpé en dés et les 100 g de sucre en poudre. Mélangez du bout des doigts, puis incorporez peu à peu ce mélange crémeux à la farine.

2 Mélange. Formez un nouveau puits, déposez les 5 cl de lait et mélangez de nouveau du bout des doigts. Votre pâte doit être parfaitement liée.

3 Temps de repos. Formez une boule de pâte, enveloppez-la dans un film alimentaire et déposez-la au frais pendant 1 h.

4 Façonnage. Préchauffez le four à 180° (th. 6). Sortez la pâte 5 min avant de la travailler. A l'aide d'un rouleau, étalez-la sur une épaisseur d'environ 3 mm sur un plan de travail légèrement fariné. Découpez des petits cercles de pâte d'environ 4 cm de diamètre avec des emporte-pièce.

5 Cuisson. Rangez les biscuits sur une plaque de four couverte d'un papier sulfurisé en veillant à les espacer. Badigeonnez-les ensuite d'un peu de jaune d'œuf battu en vous aidant d'un pinceau. Mettez à cuire à four chaud pendant environ 10 min. Les biscuits vont prendre une couleur dorée .

6 Séchage. Sortez la plaque de biscuits du four et laissez-les refroidir sur une grille. Poursuivez la cuisson des biscuits restant.

Préparation : 30 minutes | Repos : 1 heure | Cuisson : 10 minutes par fournée | Réalisation : facile | Coût : bon marché

Et roule galette... Ces célèbres petits gâteaux, normands ou bretons, sentent bon le beurre et les goûters d'enfants. Indémodables, ils sont parfaits pour accompagner le thé ou le café. A croquer sans retenue !

›Astuce

Si vous n'avez pas d'emporte-pièce, utilisez un verre d'environ 5 cm de diamètre. Si vous voulez canneler les bords, utilisez des emporte-pièce cannelés ou plus simplement une roulette. Pour leur donner des formes plus originales, découpez-les à la pointe d'un couteau selon vos envies. Attention à découper rapidement vos galettes, sinon la pâte risquerait de devenir trop molle.

Les petits ronds *aux amandes*

Ingrédients
(pour 4 à 6 personnes)

- 125 g de farine de blé pâtissière tamisée
- 110 g de beurre ramolli
- 60 g de sucre en poudre
- 1 jaune d'œuf
- 40 g d'amandes mondées + une vingtaine d'amandes entières
- 2 cuillères à soupe de lait
- 1 pincée de sel

Ustensile

- un emporte-pièce rond d'environ 4 cm

1 Préparation. Découpez les 110 g de beurre en dés et mettez-les dans un saladier. Ajoutez les 60 g de sucre en poudre et fouettez le tout vivement. Hachez grossièrement les 40 g d'amandes.

2 Ajout. Ajoutez le jaune d'œuf dans le mélange beurre-sucre et mélangez bien. Salez.

3 Finition. Versez les 125 g de farine en pluie dans la pâte et mélangez. Incorporez les amandes hachées.

4 Temps de repos. Formez une boule de pâte, mettez-la dans un plat creux. Couvrez de film alimentaire et mettez au frais environ 30 min.

5 Découpe. Préchauffez le four à 150° (th. 5). Étalez la pâte sur un plan de travail fariné. Découpez des biscuits avec l'emporte-pièce.

6 Cuisson. Placez les biscuits sur une plaque de four couverte de papier sulfurisé, en veillant à bien les espacer. Disposez une amande sur chaque biscuit. Mettez à cuire environ 8 min. Laissez refroidir sur une grille.

Préparation : 20 minutes | *Repos : 30 minutes* | *Cuisson : 8 minutes* | *Réalisation : facile* | *Coût : assez cher*

Voici une recette ultra simple et rapide qui sera très appréciée au moment de la pause café. Croustillants et moelleux, ils sont une agréable façon de recevoir. Pourquoi ne pas les offrir en sachets cadeaux ?

›Astuce

Pensez à toujours préparer à l'avance les produits nécessaires à la réalisation de vos recettes et à les disposer sur votre plan de travail. Le temps de repos de 30 minutes n'est qu'une indication de temps minimum. Vous pouvez très bien préparer votre pâte plusieurs heures à l'avance et la mettre au frais jusqu'au moment de la découpe.

Petits sablés *au pavot bleu*

Ingrédients
(pour 25 sablés)

- 2 cuillères à café de graines de pavot bleu
- 2 bonnes pincées de vanille
- 1 jaune d'œuf
- 60 g de beurre demi-sel
- beurre pour la plaque
- 50 g de sucre en poudre
- 100 g de farine
- 1 cuillère à café de levure chimique

Ustensile

- emporte-pièce de 5 cm de diamètre en forme de fleur

1 La préparation de la farine. Tamisez 100 g de farine avec 1 cuillère à café de levure chimique au travers d'une passoire fine. Mélangez avec 60 g de beurre demi-sel coupé en dés et 50 g de sucre en poudre, en travaillant avec les doigts jusqu'à ce que le mélange ressemble à de grosses miettes ou à du sable.

2 Le travail de la pâte. Incorporez 1 jaune d'œuf, 2 bonnes pincées de vanille et 2 cuillère à café de graines de pavot aux miettes obtenues. Travaillez rapidement la pâte à la main jusqu'à ce qu'elle soit homogène. Roulez-la en boule, enveloppez-la dans du film alimentaire et laissez-la reposer au moins 2 h au réfrigérateur.

3 La découpe des sablés. Préchauffez votre four à 200 °C (th. 6-7). Beurrez une plaque à pâtisserie. Étalez la pâte au rouleau entre 2 morceaux de film alimentaire sur 3-4 mm d'épaisseur. Détaillez-la avec un emporte-pièce en forme de fleur. Transportez les sablés avec une spatule métallique sur la plaque.

4 Le refroidissement. Rassemblez les chutes de pâte, étalez-les à nouveau et découpez de nouveaux sablés. Ajoutez-les sur la plaque. Mettez au four et laissez cuire pendant 10 min. Lorsque les sablés sont dorés, retirez-les du four, déposez-les sans attendre sur une grille avec la spatule et laissez-les refroidir.

› Astuce

Si vous faites cuire les premiers sablés tandis que vous amalgamez les chutes de pâte et que vous les étalez à nouveau pour y découper de nouveaux sablés, déposez ceux-ci sur une autre plaque froide.

Préparation : 20 minutes | *Repos : 2 heures* | *Cuisson : 10 minutes* | *Réalisation : facile* | *Coût : bon marché*

Des petits sablés friables et croustillants ponctués de petits points bleus : les graines de pavot. À conserver quelques jours si possible !

› Variante

Choisissez un beurre demi-sel de qualité sans craindre que vos biscuits ne soient trop salés. Les graines de pavot sont en vente dans les boutiques spécialisées ou dans le rayon épices de certains supermarchés. Elles sont vendues par 50 g minimum mais elles se conservent bien dans un flacon hermétique.

Les roulés *aux céréales*

Ingrédients
(pour 4 à 6 personnes)

- 200 g de farine de blé ordinaire tamisée
- 50 g de noisettes en poudre
- 20 g de flocons d'avoine
- 60 g de sucre glace
- 1 œuf
- 25 g de beurre demi-sel ramolli
- 2,5 cl d'huile de tournesol
- 1/4 de sachet de levure chimique
- 2 pincées de piment de Jamaïque moulu
- 2 pincées de cannelle en poudre
- 2 pincées de muscade râpée
- 1 pincée de sel

1 Mélange farine-levure. Versez les 200 g de farine, les 2 pincées de cannelle en poudre, les 2 pincées de muscade et les 2 pincées de piment de Jamaïque dans un saladier. Ajoutez le quart de sachet de levure. Mélangez bien.

2 2e mélange. Travaillez les 25 g de beurre en crème à la cuillère. Cassez l'œuf dans un saladier. Ajoutez les 60 g de sucre glace et mélangez. Incorporez le beurre, les 2,5 cl d'huile et la pincée de sel.

3 Incorporation. Incorporez les 50 g de noisettes en poudre et les 20 g de flocons d'avoine. Versez la farine en pluie dans le saladier et mélangez.

4 Façonnage. Formez un long boudin de pâte d'environ 5 cm de diamètre.

5 Temps de repos. Enveloppez la pâte dans du film alimentaire et mettez au réfrigérateur environ 1 h 30.

6 Cuisson. Préchauffez le four à 150° (th. 5). Découpez des rondelles de pâte d'environ 1,5 cm d'épaisseur. Posez-les sur une plaque de four couverte d'un papier sulfurisé. Mettez à cuire environ 12 min. Laissez refroidir sur une grille.

Préparation : 25 minutes | Repos : 1 heure 30 | Cuisson : 12 minutes | Réalisation : facile | Coût : bon marché

C'est l'heure du thé à l'anglaise ! Conviez vos amies à un agréable moment de détente gourmande et préparez sans souci ces délicieux biscuits, riches en céréales et audélicieux petit goût de noisettes, qui accompagneront à merveille un thé raffiné.

›Astuce

Dans la mesure du possible, essayez toujours de prendre pour vos préparations culinaires des épices fraîchement moulues. C'est une garantie sans équivalent de parfums riches et puissants. Vous pouvez par exemple utiliser un petit moulin qui sera réservé exclusivement à vos épices.

Les sablés *aux amandes et café*

Ingrédients
(pour 4 à 6 personnes)

- 200 g de farine de blé ordinaire tamisée
- 180 g de beurre ramolli
- 120 g de sucre glace
- 80 g d'amandes en poudre
- 1 cuillère à café d'extrait de café
- 1 pincée de sel

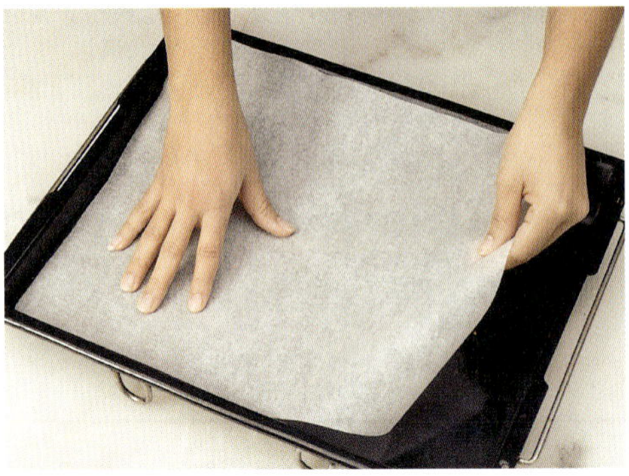

1 Préparation. Préchauffez le four à 180° (th. 6). Couvrez une plaque de four de papier sulfurisé.

2 Préparation du beurre. Découpez les 180 g de beurre en dés.

3 Mélange beurre-sucre. Mettez les dés de beurre dans un saladier. Ajoutez la pincée de sel et les 120 g de sucre glace. Mélangez du bout des doigts.

4 Incorporation. Ajoutez la cuillère à café d'extrait de café. Versez les 200 g de farine en pluie et les 80 g d'amandes en poudre. Mélangez en une pâte onctueuse.

5 Façonnage. Disposez de petites boules de pâte sur la plaque de four, en prenant soin de bien les espacer.

6 Cuisson. Mettez à cuire environ 8 min. Laissez refroidir sur une grille.

Préparation : 15 minutes | Repos : aucun | Cuisson : 8 minutes | Réalisation : facile | Coût : bon marché

Voici une recette raffinée à confectionner si possible au tout dernier moment. Fondante en bouche et subtilement parfumée aux amandes, c'est une douceur tout simplement exquise !

›Astuce

Si vous n'avez pas d'extrait de café, vous pouvez ajouter une cuillère à soupe de café infusé très fort à votre pâte. Sachez que cette recette est tout particulièrement savoureuse si vous la préparez le jour même. Si vous souhaitez conserver les biscuits jusqu'au lendemain, rangez-les alors dans une boîte hermétique pour les mettre à l'abri de l'humidité.

Sablés chocolat, *vanille et cannelle*

Ingrédients
(pour 6 personnes)

- 100 g d'amandes en poudre
- 1 cuillère à soupe de cacao en poudre
- 1 cuillère à soupe de cannelle en poudre
- 1 cuillère à café d'extrait de vanille
- 2 œufs
- 320 g de beurre
- 125 g de sucre glace
- 500 g de farine
- 1 pincée de sel

1 La préparation des ingrédients. Avec une passoire fine, tamisez 125 g de sucre glace et 500 g de farine. Tamisez également et à part 1 cuil. à soupe de cacao en poudre. Coupez 320 g de beurre en morceaux et laissez-le ramollir à température ambiante.

2 La confection de la pâte. Dans un saladier, mélangez le beurre avec le sucre, la farine, 1 pincée de sel et 100 g d'amandes en poudre. Incorporez 2 œufs et mélangez rapidement pour obtenir une pâte assez molle.

3 La pâte aromatisée. Divisez la pâte en trois et placez chaque tiers dans un saladier. Ajoutez le cacao dans un saladier et mélangez. Aromatisez les autres tiers de pâte avec 1 cuillère à soupe de cannelle et 1 cuillère à café de vanille respectivement.

4 Le boudin tricolore. Laissez refroidir les pâtes 30 min, puis façonnez-les en un boudin de 15 cm de longueur. Réunissez les 3 boudins et roulez-les avec la main pour bien les faire adhérer entre eux. Il vous faut obtenir un boudin tricolore de 30 cm.

5 La découpe des sablés. Placez le boudin de pâtes aromatisées au réfrigérateur pendant 2 h au moins. Découpez-les en tranches de 1 cm d'épaisseur et posez-les au fur et à mesure

6 La cuisson. Préchauffez le four à 180 °C (th. 6) et faites cuire les sablés 15 min. Décollez délicatement les sablés à l'aide d'une spatule métallique, placez-les sur une grille et laissez-les refroidir avant de les déguster.

Préparation : 40 minutes | Réfrigération : 2 heures | Cuisson : 15 minutes | Réalisation : assez facile | Coût : bon marché

La pâte à tarte sablée permet aussi de faire de succulents petits gâteaux, après aromatisation. À déguster au moment du café.

›Astuce

Quand vous découpez le boudin constitué des 3 pâtes différentes, veillez à ce qu'il soit bien froid, sinon il s'écrasera sous la pression du couteau. Idéalement, faites-lui faire une petite rotation lors de la coupe de manière à préserver la forme cylindrique.

Sablés *au citron*

1 Préparation. Préchauffez le four à 180° (th. 6). Découpez les 120 g de beurre en dés.

2 Mélange. Versez les 180 g de farine dans un saladier et creusez un puits. Déposez la pincée de levure, les 120 g de dés de beurre et les 60 g de sucre en poudre dans le puits. Mélangez du bout des doigts le beurre et le sucre.

3 Incorporation. Incorporez peu à peu la farine. Ajoutez l'œuf, le zeste de citron, la pincée de sel et mélangez rapidement.

4 Étaler la pâte. Étalez la pâte sur un plan de travail fariné en vous aidant d'un rouleau à pâtisserie.

5 Découpage. Préchauffez le four à 180° (th. 6). Découpez les biscuits de formes variées avec les emporte-pièce. Rangez les biscuits sur une plaque de four couverte d'un papier sulfurisé en veillant à les espacer.

6 Cuisson. Badigeonnez-les ensuite d'un peu de jaune d'œuf battu en vous aidant d'un pinceau.Mettez à cuire à four chaud pendant environ 6 à 8 min. Dès qu'ils se colorent légèrement, sortez-les du four et laissez-les refroidir sur une grille.

Ingrédients

(pour 4 à 6 personnes)

- 180 g de farine de blé ordinaire tamisée
- 60 g de sucre en poudre
- 120 g de beurre ramolli
- 1 œuf
- le zeste finement râpé d'un citron non traité
- 1 pincée de levure chimique
- 1 pincée de sel

Ustensiles

- des emporte-pièces de formes variées

Préparation : 15 minutes | *Repos : aucun* | *Cuisson : 8 minutes par fournée* | *Réalisation : facile* | *Coût : bon marché*

Cuisinez simple et raffiné ! Ces petits sablés délicats d'une agréable texture friable vont vous surprendre par leur fraîcheur citron. Des biscuits sans chichis, gais et parfumés, qui conviennent parfaitement à l'heure du thé. Ne vous en privez pas !

›Astuce

Vous pouvez préparer votre pâte à l'avance, l'envelopper dans un film alimentaire et la déposer au réfrigérateur pendant 3 h environ. Vous pouvez aussi confectionner des sablés un peu plus grands en les découpant avec un verre. Vous les laisserez refroidir après la cuisson au four, les couvrirez d'un mélange de fruits rouges (fraises, framboises, myrtilles) et les saupoudrerez d'un peu de sucre glace.

Les sacristains

Ingrédients
(pour 4 à 6 personnes)

- 2 rouleaux de pâte feuilletée
- 120 g de sucre cristallisé
- 1 œuf
- 2 cuillères à soupe d'eau

1 **Préparation.** Préchauffez le four à 180° (th. 6). Cassez l'œuf dans un bol et fouettez rapidement avec une fourchette. Ajoutez 2 cuillères à soupe d'eau.

2 **Étaler la pâte.** Étalez la pâte sur un plan de travail légèrement fariné.

3 **Découpe.** Découpez des bandelettes de pâte d'environ 22 cm de long sur 2,5 cm de large. Placez-les sur deux plaques de four légèrement farinées.

4 **Ajout de l'œuf.** Badigeonnez les bandelettes de pâte d'un peu d'œuf battu.

5 **Finition.** Saupoudrez d'un peu de sucre. Torsadez légèrement les bandelettes de pâte. Ajoutez éventuellement un peu de sucre sur la pâte.

6 **Cuisson.** Mettez à cuire environ 12 min. Laissez refroidir sur une grille.

Préparation : 10 minutes | *Repos : aucun* | *Cuisson : 12 minutes* | *Réalisation : facile* | *Coût : bon marché*

Confectionnez ces délicats petits biscuits issus de la grande tradition pâtissière française. Réalisés sans souci, et cuits au dernier moment, ils offriront un croustillant incomparable.

› Conservation

Vous pouvez très bien utiliser une pâte feuilletée fraîche achetée chez votre pâtissier, mais vous pouvez aussi confectionner vos sacristains avec une pâte feuilletée surgelée. Vos biscuits cuits et refroidis se conserveront très bien un jour ou deux dans une boîte à biscuits métallique, à l'abri de l'humidité.

Les scones *au citron*

Ingrédients
(pour 12 scones)

- 225 g de farine de blé ordinaire tamisée
- 30 g de beurre ramolli
- 40 g de dés d'écorce de citron confit
- 4 cl de crème fraîche liquide
- 1 œuf
- 2 cuilllères à soupe de lait
- 1 pincée de sel
- 60 g de sucre cassonade
- 1/2 sachet de levure chimique

Ustensile

- un emporte-pièce rond d'environ 5 cm

1 Préparation. Préchauffez le four à 200° (th. 6-7). Versez les 225 g de farine dans un saladier et ajoutez le demi-sachet de levure, la pincée de sel et les 60 g de sucre cassonade. Mélangez.

2 Ajout. Découpez les 30 g de beurre en dés. Incorporez-les à la pâte du bout des doigts.

3 Préparation de l'œuf. Cassez l'œuf dans un bol et fouettez vivement.

4 Incorporation. Ajoutez l'œuf battu et les 4 cl de crème dans la pâte et mélangez. Incorporez les 40 g de dés de citron confit. Si la consistance ne vous convient pas, ajoutez un peu de farine ou de crème.

5 Découpe. Étalez la pâte sur une épaisseur d'environ 1,5 à 2 cm. Découpez des disques à l'aide de l'emporte-pièce.

6 Cuisson. Placez les scones sur une plaque de four couverte de papier sulfurisé. Badigeonnez d'un peu de lait. Mettez à cuire environ 10 min. Laissez tiédir jusqu'au moment de servir.

Préparation : 10 minutes | *Repos : aucun* | *Cuisson : 15 minutes* | *Réalisation : facile* | *Coût : bon marché*

Si vous voulez faire plaisir à vos invités du jour,
offrez-leur un thé très british assorti de délicats scones parfumés au citron.
À apprécier tièdes et légèrement beurrés.
Ils sont aussi très séduisants à l'heure du petit déjeuner !

›Astuce

Vous pouvez obtenir une dorure très brillante en ajoutant quelques gouttes d'huile de tournesol à un jaune d'œuf battu. Veillez toujours à mélanger la levure chimique avec la farine avant d'incorporer les produits liquides. N'oubliez pas que les scones se savourent le jour même. C'est ainsi qu'ils sont les meilleurs !

Les scones *natures*

Ingrédients
(pour 4 à 6 personnes)

- 250 g de farine demi-complète
- 1 œuf
- 1/2 sachet de levure chimique
- 5 cl de lait tiède
- 1 cuillère à soupe d e crème fraîche
- 60 g de beurre
- 1 cuillère à soupe de miel liquide
- 1 pincée de sel

Ustensile

- un emporte-pièce

1 Préparation du beurre. Découpez les 60 g de beurre en dés.

2 Mélange. Versez les 250 g de farine dans un saladier et creusez un puits. Ajoutez la pincée de sel et les dés de beurre.

3 Incorporation. Ajoutez la cuillère à soupe de crème fraîche, les 5 cl de lait, la cuillère à soupe de miel et le demi-sachet de levure. Préchauffez le four à 180° (th. 6).

4 Étalage de la pâte. Étalez la pâte sur une épaisseur de 1 cm environ.

5 Découpe-scones. Découpez de petits ronds de pâte et posez-les sur une plaque de four couverte d'un papier sulfurisé.

6 Cuisson. Badigeonnez le dessus des scones d'un peu d'œuf battu en vous aidant d'un pinceau. Mettez à cuire environ 20 min. Laissez tiédir quelques instants avant de servir.

*Les cuisinières anglaises ont inventé les scones pour régaler
les gourmands à l'heure du thé.
Mœlleux et fondants en bouche, c'est encore tièdes
qu'ils sont meilleurs, peu après la sortie du four.*

› Dégustation

Les scones sont asvoureux avec un peu de beurre demi-sel,
mais ils se laissent manger aussi avec un peu de confiture ou de miel.
Les plus gourmands y ajouteront une petite touche de crème fraîche légèrement citronnée.

Les scones *à l'orange*

Ingrédients
(pour 20 scones)

- 450 g de farine de blé ordinaire tamisée
- 100 g de beurre
- 5 cl de jus d'orange
- 5 cl de lait
- le zeste râpé d'une orange
- 2 œufs
- 120 g de sucre cassonade en poudre
- 1/2 sachet de levure chimique
- 1 pincée de quatre-épices
- 1 pincée de sel

1 **Préparation.** Préchauffez le four à 210° (th. 7). Versez les 450 g de farine de blé tamisée et le demi-sachet de levure dans un saladier. Mélangez. Ajoutez le zeste d'orange.

2 **Ajout du beurre.** Découpez les 100 g de beurre en dés. Incorporez peu à peu les dés de beurre dans la farine.

3 **Finition de la pâte.** Ajoutez dans le mélange farine-beurre les 2 œufs, les 5 cl de jus d'orange, les 5 cl de lait, les 120 g de sucre cassonade, la pincée de quatre-épices et la pincée de sel.

4 **Étaler la pâte.** Formez une boule de pâte et étalez-la sur un plan de travail sur une épaisseur d'environ 1,5 cm avec un rouleau à pâtisserie.

5 **Découpage.** Découpez des petits ronds de pâte de taille régulière avec un emporte-pièce ou un petit verre. Placez ces ronds de pâte sur une plaque de four couverte d'un papier sulfurisé.

6 **Cuisson.** Mettez à cuire les scones environ 12 min. Laissez refroidir sur une grille.

Préparation : 15 minutes | *Repos : aucun* | *Cuisson : 12 minutes* | *Réalisation : facile* | *Coût : assez cher*

Préparez ces délicieuses petites bouchées au doux parfum d'orange à l'occasion d'une pause raffinée entre amis. Vous les accompagnerez avec succès d'un bon chocolat grand cru ou d'un thé.

› Conservation

Vous pouvez préparer vos scones à l'avance et les congeler avant la cuisson. Le jour même, vous les laisserez décongeler au réfrigérateur, puis vous les mettrez à cuire au four une douzaine de minutes. Vous pouvez aussi cuire des scones et les congeler ensuite, mais le résultat est alors moins goûteux.

Scones *aux raisins*

Ingrédients
(pour 12 scones)

- 50 g de raisins secs
- 20 g de germes de blé
- 2 œufs + 1 jaune
- 10 cl de crème fraîche liquide
- 80 g de beurre demi-sel
- 50 g de cassonade
- 200 g de farine de blé complète
- 80 g de farine de blé fluide
- 1 sachet de levure chimique

Ustensile

- emporte-pièce cannelé de 5 cm de diamètre

1 La pâte à scones. Dans une jatte, versez 200 g de farine de blé complète, 20 g de germes de blé et 80 g de farine de blé fluide. Ajoutez 50 g de cassonade et 1 sachet de levure chimique. Mélangez bien. Incorporez 80 g de beurre demi-sel coupé en dés, en mélangeant avec les doigts jusqu'à l'obtention d'une consistance sablée.

2 La finition de la pâte. Creusez un puits au centre du mélange. Versez-y 2 œufs battus avec 10 cl de crème liquide. Mélangez peu à peu les deux préparations, jusqu'à l'obtention d'une pâte homogène. Incorporez 50 g de raisins secs. Roulez la pâte en boule. Préchauffez le four à 200 °C (th. 6-7). Tapissez une plaque à pâtisserie de papier sulfurisé.

3 Les disques de pâte. Étalez la moitié de la pâte sur le plan de travail fariné. À l'aide d'un emporte-pièce cannelé de 5 cm de diamètre, découpez 12 disques de 5 mm d'épaisseur. Disposez-les sur la plaque à pâtisserie, en les espaçant. étalez la seconde moitié de pâte et découpez 12 disques identiques aux premiers.

4 La cuisson des scones. Placez les seconds disques de pâte sur les premiers, pour doubler la hauteur des scones. Soudez-les en appuyant très légèrement. À l'aide d'un pinceau, lustrez le disque supérieur avec 1 jaune d'œuf battu. Faites cuire les scones au four pendant environ 15 min. Servez les gâteaux aussitôt cuits.

› Astuce

Pour des scones « express », répartissez directement la pâte dans les empreintes de deux plaques à mini-muffins en silicone. Égalisez la surface à l'aide d'une cuillère.

Préparation : 40 minutes | *Repos : aucun* | *Cuisson : 40 minutes* | *Réalisation : assez facile* | *Coût : bon marché*

À l'heure du thé,
découvrez une variante diététique
du plus traditionnel des petits gâteaux anglais.
À déguster dès la sortie du four !

› Dégustation

Au moment de servir, séparez les deux parties des scones et beurrez-les généreusement. Proposez-les avec un assortiment de confitures et de gelées de fruits. La marmelade d'oranges est l'une de celles qui se marie le mieux avec les scones ! Dans les îles anglo-normandes, la coutume veut que l'on coiffe les petits gâteaux tout chauds d'une belle volute de crème fouettée.

Scones truffés *de pépites de chocolat*

Ingrédients
(pour 18 scones)

- 100 g de pépites de chocolat noir
- 1 cuillère à soupe de cacao amer
- 2 œufs
- 155 g de beurre ramolli
- 10 cl de crème fraîche liquide + 2 cuillères à soupe
- 40 g de cassonade + 1 cuillère à soupe
- 1 sachet de sucre vanillé
- 1 cuillère à soupe de sucre glace
- 300 g de farine
- 1 sachet de levure chimique
- 1/2 cuillère à café de sel

1 Le beurre de cacao. Placez dans une assiette creuse 75 g de beurre ramolli, au four à micro-ondes par exemple. Écrasez-le à la fourchette pour le réduire en pommade. Ajoutez 1 cuillère à soupe de cacao amer et mélangez soigneusement. Incorporez ensuite 1 cuillère à soupe de sucre glace. Moulez le beurre dans un ramequin. Mettez-le 1 h au réfrigérateur.

2 La pâte. Dans une jatte, mélangez 300 g de farine, 40 g de cassonade, 1 sachet de sucre vanillé, 1 sachet de levure chimique et 1/2 cuillère à café de sel. Ajoutez 80 g de beurre ramolli. Mélangez du bout des doigts en émiettant la pâte. Creusez un puits au centre. Versez-y 2 œufs battus avec 10 cl de crème liquide.

3 Les scones. Mélangez peu à peu les œufs et la crème liquide aux reste des ingrédients. Ajoutez 100 g de pépites de chocolat noir. Roulez en boule la pâte obtenue. Préchauffez le four à 200 °C (th. 6-7). Prélevez de petites quantités de pâte de la taille d'une clémentine, façonnez-les en petits cylindres ou en boules.

4 La cuisson. Disposez les scones sur 2 plaques à pâtisserie tendues de papier cuisson. Au pinceau, lustrez les gâteaux avec 2 cuillères à soupe de crème liquide. Parsemez-les de 1 cuillère à soupe de cassonade. Faites-les cuire au four pendant 15 min. Servez-les bien chauds, accompagnés de beurre de cacao.

› Dégustation

Dégustez les scones à l'anglaise : ouvrez-les en deux et tartinez chaque demi-scone d'une noix de beurre de cacao. En fondant, le beurre va pénétrer dans la mie bien chaude du gâteau... un délice !

Préparation : 35 minutes | *Repos : 1 heure* | *Cuisson : 15 minutes* | *Réalisation : facile* | *Coût : bon marché*

Servis tout chauds à l'heure du thé,
ces petits gâteaux truffés
de pépites au chocolat se dégustent
avec un beurre de cacao fait maison !

›Astuce

À la sortie du four, recouvrez les scones d'un linge pour qu'ils restent bien chauds et croustillants. Si vous devez les réchauffer, évitez le four à micro-ondes, qui a tendance à ramollir la pâte. Préférez la chaleur douce d'un four traditionnel.

Shortbreads *écossais*

Ingrédients
(pour 20 shortbreads)

- 225 g de beurre ramolli (+ pour la plaque)
- 100 g de cassonade blonde
- 1 sachet de sucre vanillé
- 100 g de farine de riz (+ pour le plan de travail)
- 225 g de farine
- 1/2 cuillère à café de sel

Ustensile

- emporte-pièce rond cannelé de 6 cm
- emporte-pièce rond lisse de 4 cm

1 Le beurre et la cassonade. Préchauffez le four à 160 °C (th. 5-6). Beurrez une plaque à pâtisserie et tapissez-la de papier sulfurisé. Dans une jatte, réduisez 225 g de beurre en pommade. Ajoutez-y 1/2 cuil. à café de sel et 1 sachet de sucre vanillé. Mélangez bien à la cuillère en bois puis incorporez peu à peu 100 g de cassonade blonde.

2 La pâte. À l'aide d'une passoire fine, tamisez 225 g de farine et 100 g de farine de riz. Mélangez-les soigneusement puis incorporez-les peu à peu au beurre et à la cassonade. Commencez à mélanger les ingrédients avec une cuillère en bois puis terminez le mélange à la main, jusqu'à l'obtention d'une pâte épaisse et homogène.

3 Les disques cannelés. Saupoudrez le plan de travail de farine de riz. Prélevez un quart de la pâte et étalez-la à la main, en l'aplatissant avec la paume jusqu'à l'obtention d'une épaisseur de 1 cm. À l'aide d'un emporte-pièce de 6 cm de diamètre, découpez des disques cannelés. Poursuivez l'opération avec le reste

4 Les shortbreads. Disposez les disques de pâte sur la plaque à pâtisserie. Marquez le centre de chaque disque en y enfonçant légèrement un emporte-pièce lisse de 4 cm de diamètre. Piquez le cœur de petits trous à l'aide d'une fourchette. Faites cuire les shortbreads au four pendant environ 30 min. Laissez-les refroidir sur une grille.

› Variante

Utilisez de la farine de blé complète et du beurre demi-sel. Remplacez la cassonade blonde par du sucre semoule. Incorporez à la pâte des pépites de chocolat et faites cuire les shortbreads dans des moules à petits gâteaux.

Préparation : 45 minutes | *Repos : aucun* | *Cuisson : 30 minutes* | *Réalisation : assez facile* | *Coût : bon marché*

Ces gros sablés en forme de marguerite croustillent sous la dent et fondent dans la bouche. À l'heure du thé, ils sont irrésistibles !

› Astuce

La pâte à shortbread ne contient pas du tout d'eau. Autre particularité : celle-ci ne s'étale pas au rouleau mais seulement avec les mains. Plantez 6 fois les dents de la fourchette au cœur de chaque marguerite. En fin de cuisson, les biscuits doivent être à peine dorés.

Les tuiles *aux amandes*

Ingrédients
(pour 4 à 6 personnes)

- 150 g de sucre glace tamisé
- 3 blancs d'œufs
- 60 g de farine tamisée
- 20 g de beurre fondu tiédi
- 150 g d'amandes effilées

1 Préparation de la plaque. Préchauffez le four à 200° (th. 7). Préparez la plaque à pâtisserie en la recouvrant de papier sulfurisé.

2 Préparation de la pâte. Dans un grand saladier, mélangez les 150 g de sucre glace tamisé avec les 3 blancs d'œufs à l'aide du batteur électrique.

3 Incorporation. Ajoutez les 60 g de farine tamisée à la préparation sucre-glace-œufs et les 20 g de beurre fondu tiédi tout en remuant doucement avec le fouet.

4 Façonnage. Prenez une cuillère à soupe de pâte, déposez-la sur la feuille de papier sulfurisé, étalez en arrondi en appuyant avec le dessus de la cuillère. Poursuivez avec le reste de la pâte en laissant un espace entre les biscuits.

5 Saupoudrage. Parsemez le dessus de chaque disque de pâte de quelques amandes effilées. Enfournez pendant 5 min, ouvrez le four et tournez à l'inverse la plaque à pâtisserie pour aider à une cuisson uniforme, laissez cuire encore 5 minutes.

6 Mise en forme. À la sortie du four, décollez immédiatement les tuiles du papier sulfurisé et déposez-les rapidement sur le dos d'un rouleau à pâtisserie pour leur donner la forme de tuiles.

Préparation : 20 minutes | *Repos : aucun* | *Cuisson : 10 minutes* | *Réalisation : facile* | *Coût : bon marché*

Ces croustillantes petites gourmandises au goût légèrement caramélisé sont un pur plaisir ! Elles séduiront les petits comme les grands au moment du café, à la fin d'un bon repas ou servies dans l'après-midi au moment du thé et du chocolat... Essayez-les sans tarder !

›Variante

Vous pouvez aussi varier les saveurs et saupoudrer les tuiles de noisettes, de noix de Grenoble ou de noix de pécan, ou bien les parsemer de noix de coco râpée ou d'amandes en poudre. Vous pouvez aussi incorporer un zeste de citron ou d'orange non traité et finement râpé à la pâte avant de former les tuiles sur la plaque du four.

Les tuiles *aux amandes et pépites de chocolat*

Ingrédients
(pour 50 tuiles)

- 50 g de chocolat noir
- 200 g d'amandes effilées
- 3 blancs d'œufs
- 60 g de beurre (+ 2 noix pour les plaques)
- 185 g de sucre en poudre
- 30 g de farine

1 Les pépites de chocolat. Déballez 50 g de chocolat et placez-le sur le plan de travail. Avec un couteau, concassez-le grossièrement. Reprenez ensuite les morceaux déjà obtenus et recoupez-les en pépites ayant à peu près la taille d'un petit pois. Placez les pépites au réfrigérateur pour qu'en refroidissant, elles deviennent très fermes.

2 Le beurre en pommade. Pour réussir la recette, le beurre doit prendre la consistance d'une pommade. Sortez-en 60 g du réfrigérateur et placez-le dans un endroit assez chaud pendant une bonne heure. Mettez-le ensuite dans un saladier et travaillez 2 min au fouet jusqu'à l'obtention d'une consistance crémeuse.

3 La préparation de la pâte. Dans un saladier, versez 3 blancs d'œufs. Ajoutez 185 g de sucre en poudre et, avec un fouet, mélangez bien pendant 1 min. Incorporez ensuite 30 g de farine, puis le beurre en pommade. Remuez bien, puis incorporez 200 g d'amandes effilées. Tournez avec une cuillère en bois. Laissez la pâte reposer 1 nuit au frais.

4 La cuisson des tuiles. Beurrez 2 plaques à pâtisserie. Déposez des « tas » de pâte de la taille d'une noix sur les plaques en les espaçant. Écrasez-les avec une fourchette pour les aplatir complètement. Faites chauffer le four à 180 °C (th. 6) et enfournez. Comptez 5 min de cuisson, décollez et faites refroidir sur une grille.

› Dégustation

Si vous servez ces tuiles en dessert, pensez à les accompagner d'un petit verre d'alcool fort : une liqueur de mandarine ou de framboise serait parfaite. Vous pouvez également les proposer au moment du café, c'est là qu'elles sont le plus appréciées.

Préparation : 20 minutes | Repos : 1 nuit | Cuisson : 5 minutes | Réalisation : assez facile | Coût : assez cher

Les tuiles aux amandes sont connues de tous, mais agrémentées de pépites de chocolat, elles vous étonneront agréablement.

›Astuce

Attention à la température des blancs d'œufs : s'il sont trop froids, ils vont faire figer le beurre et tourner la pâte. Idéalement, laissez tous les ingrédients à température ambiante 30 min avant d'entamer la recette. Ajoutez 1 pincée de sel aux blancs d'œufs.

Cakes, financiers, macarons, muffins

Amourettes *au caramel*

1 La crème. Préchauffez votre four à 180 °C (th. 6). Portez 30 cl de lait à ébullition. Fouettez 3 jaunes d'œufs avec 50 g de sucre. Ajoutez 30 g de farine et 1/4 de cuillère à café de vanille. Versez le lait en fouettant. Faites cuire à feu doux en remuant, jusqu'à épaississement. Laissez refroidir, puis mettez au frais.

2 Les fonds de pâte. Étalez 225 g de pâte feuilletée. Coupez 4 disques de 12 cm. Beurrez 4 moules et garnissez-les de pâte ; piquez le fond et la paroi avec une fourchette. Couvrez-les de papier sulfurisé, puis remplissez-les de pois cassés. Faites cuire 15 min au four. Ôtez les pois cassés et le papier, laissez refroidir.

Ingrédients
(pour 4 personnes)

- 225 g de pâte feuilletée
- 4 cuillères à café de gelée de framboise
- 1/4 cuillère à café de vanille en poudre
- 3 jaunes d'œufs
- 30 cl de lait
- beurre pour les moules
- 50 g de sucre en poudre
- 60 g de sucre en morceaux
- 30 g de farine
- brins de menthe (décor)

Ustensiles

- 4 moules de 6 cm de diamètre et 2-3 cm de profondeur

3 La garniture. Démoulez délicatement les fonds de pâte, déposez 1 cuillère à café de gelée de framboise puis la crème à la vanille très froide. Mettez 60 g de sucre en morceaux dans une petite casserole. Ajoutez 1 cuillère à soupe d'eau froide et laissez cuire sur feu doux et sans remuer jusqu'à l'obtention d'un caramel doré.

4 La finition. Laissez tiédir le caramel quelques secondes. Versez-le doucement sur les amourettes : le contraste entre la crème froide et le caramel chaud fait durcir celui-ci rapidement. Conservez les amourettes dans un endroit sec, à température ambiante, jusqu'au moment de servir. Décorez d'un brin de menthe fraîche.

›Variante

De la pâte feuilletée pré-étalée vous épargnera un peu de travail. Achetez de la véritable vanille pure en poudre (presque noire) et non de la vanille sucrée (beige soutenue), trop sucrée et peu parfumée. Sinon, réduisez en poudre 1 gousse de vanille séchée dans un moulin à café.

Préparation : 30 minutes | Repos : aucun | Cuisson : 30 minutes | Réalisation : délicate | Coût : bon marché

Sous la croûte caramélisée de ces petites tartelettes surnommées amourettes se cache une savoureuse crème à la vanille.

›Astuce

Remuez la crème pendant la cuisson avec une cuillère en bois, en raclant bien le fond de la casserole pour empêcher la préparation d'attacher.
Pour le refroidissement, trempez la casserole dans de l'eau froide et remuez de temps en temps.
Couvrez la crème froide de film alimentaire et placez-la au réfrigérateur.

Amandines *aux pignons et au citron*

Ingrédients
(pour 12 amandines)

- 75 g d'amandes en poudre
- 50 g de pignons de pin
- 1 citron
- 4 blancs d'œufs
- 100 g de beurre
- 100 g de cassonade
- 50 g de farine
- 50 g de fécule de pomme de terre
- 1 pincée de sel

Ustensiles

- 12 moules à financiers ou 1 plaque à financiers en silicone

1 Les pignons poêlés. Versez 50 g de pignons de pin dans une poêle antiadhésive. Faites-les dorer à feu moyen en remuant de temps en temps. Réservez. Râpez finement le zeste de 1 citron. Faites fondre 100 g de beurre à feu doux. Si vous utilisez 12 moules individuels, enduisez-les de beurre fondu.

2 La pâte à financiers. Dans une jatte, mélangez le beurre fondu avec 75 g d'amandes en poudre. Parfumez avec le zeste de citron râpé. Montez 4 blancs en neige ferme avec 1 pincée de sel. À mi-parcours, ajoutez 100 g de cassonade. À l'aide d'une spatule en caoutchouc, incorporez les blancs en neige au contenu de la jatte

3 La finition de la pâte. Préchauffez le four à 180 °C (th. 6). Tamisez 50 g de farine et 50 g de fécule à l'aide d'une passoire fine. Incorporez-les en deux fois au mélange précédent, en veillant à ne pas faire retomber les blancs en neige. Ajoutez les pignons poêlés et incorporez-les délicatement à la pâte à financiers.

4 La cuisson. Répartissez la pâte dans 1 plaque à financiers (ou des moules individuels), en remplissant aux trois quarts. Disposez-la sur une grille et glissez-la au milieu du four. Faites cuire 20 à 25 min, jusqu'à ce que les petits gâteaux soient gonflés et dorés. Laissez-les tiédir puis démoulez.

› Astuce

Les moules à financiers sont rectangulaires et assez peu profonds. Ils existent aussi en plaque souple contenant plusieurs empreintes. À défaut de moules traditionnels, utilisez des petits moules à tartelettes ou à muffins, de préférence antiadhésifs.

Préparation : 1 heure | *Repos : aucun* | *Cuisson : 20-25 minutes* | *Réalisation : assez facile* | *Coût : bon marché*

Malgré leur aspect sage,
ces petits gâteaux aux pignons
ne manquent pas de caractère : en Provence,
c'est comme ça qu'on les aime !

>Tour de main

Incorporez d'abord un tiers des blancs en neige, de façon à détendre le mélange assez dense de beurre fondu et d'amandes en poudre. Ajoutez progressivement le reste des blancs en neige, en soulevant délicatement la masse à l'aide d'une spatule en caoutchouc.

Cake *aux fruits secs et au thé*

Ingrédients
(pour 8 personnes)

- 10 pruneaux
- 3 figues sèches
- 9 abricots secs
- 2 cuillères à café de thé corsé
- 1 œuf
- 125 g de beurre ramolli (+ pour le moule)
- 100 g de vergeoise brune
- 1 sachet de sucre vanillé
- 220 g de farine
- 1 sachet de levure chimique
- 1 pincée de sel

Ustensile

- moule à cake antiadhésif (contenance 1,5 litre)

1 **Les fruits secs macérés.** Dans une théière, versez 25 cl d'eau bouillante sur 2 cuillères à café de thé corsé. Laissez infuser 5 min. Dénoyautez 10 pruneaux, coupez-en 5 en petits morceaux, ainsi que 3 figues sèches et 9 abricots secs. Assemblez les fruits dans un bol et ajoutez-y les5 pruneaux entiers. Arrosez-les avec le thé. Laissez macérer pendant 6 h.

2 **La pâte au thé.** Après macération, égouttez les fruits secs (sauf les pruneaux entiers). Dans une jatte, mélangez 100 g de vergeoise brune, 1 sachet de sucre vanillé et 1 pincée de sel. Délayez le mélange avec 15 cl du thé de macération. Ajoutez 1 œuf en fouettant. Incorporez peu à peu 220 g de farine et 1 sachet de levure chimique.

3 **La cuisson.** Mélangez jusqu'à l'obtention d'une pâte lisse. Ajoutez les fruits macérés et mélangez bien. Préchauffez le four à 180 °C (th. 6). Transvasez la préparation dans un moule à cake antiadhésif et beurré, d'une contenance de 1,5 litre. Faites cuire au four pendant 45 min. Laissez tiédir puis démoulez le cake.

4 **Le beurre de pruneaux.** Réduisez 125 g de beurre ramolli en pommade. Broyez au mixer les 5 pruneaux réservés avec 2 cuillères à soupe du thé de macération. Incorporez la pâte de pruneaux au beurre en pommade. Mélangez jusqu'à l'obtention d'un beurre homogène. Garnissez-en un beurrier. Servez avec le cake découpé en tranches.

› Dégustation

Choisissez un thé de Ceylan corsé ou le mélange « english breakfast ». Évitez un thé aromatisé car les fruits secs, en macérant, exaltent le parfum du thé, au point que celui-ci devient riche et sucré comme un nectar.

Préparation : 1 heure | *Macération : 6 heures* | *Cuisson : 45 minutes* | *Réalisation : facile* | *Coût : assez cher*

Au royaume du thé,
les britanniques considèrent ce cake
comme un pain aux fruits secs,
et le servent avec du beurre et de la confiture...

› Astuce

Si votre moule n'est pas antiadhésif, tapissez-le de papier sulfurisé ou bien chemisez-le avec de la farine.
Vérifiez la cuisson en plantant une brochette au centre du cake : elle doit ressortir propre.

Le cake *miel et noisettes*

Ingrédients
(pour 4 à 6 personnes)

- 180 g de farine de blé ordinaire tamisée
- 120 g de noisettes hachées
- 80 g de sucre en poudre
- 40 g de miel liquide
- 20 cl de crème fraîche épaisse
- 2 œufs
- une pincée de sel
- 10 g de beurre
- 1/2 sachet de levure chimique

Ustensile

- un moule à cake d'environ 24 cm

1 **Préparation.** Préchauffez le four à 170° (th. 5-6). Beurrez et farinez légèrement le moule. Mélangez dans un saladier les 180 g de farine et le demi-sachet de levure.

2 **Mélange.** Cassez les 2 œufs dans un saladier. Ajoutez les 40 g de miel liquide, les 80 g de sucre en poudre et la pincée de sel. Fouettez vivement le tout.

3 **Incorporation.** Versez les 20 cl de crème dans le mélange.

4 **Finition.** Versez la farine en pluie dans le mélange. Ajoutez les 120 g de noisettes hachées.

5 **Garnissage.** Versez la pâte dans le moule. Beurrez et farinez légèrement le moule.

6 **Cuisson.** Mettez à cuire environ 35 min. Laissez tiédir quelques minutes, puis démoulez sur une grille.

Préparation : 15 minutes | *Repos : aucun* | *Cuisson : 35 minutes* | *Réalisation : facile* | *Coût : assez cher*

Essayez cette recette traditionnelle de cake qui allie la douceur crémeuse du miel et la petite note croustillante de la noisette : c'est le type même de pâtisserie qui plaît à toutes les générations de gourmands...

›La noisette

La noisette est un petit fruit délicieux et particulièrement nourrissant. Riche en fibres, elle est aussi une excellente source en magnésium et en cuivre. Elle est particulièrement recommandée aux enfants en croissance ainsi qu'aux personnes convalescentes. N'hésitez pas à en mettre dans vos préparations salées ou sucrées !

Le cake moelleux *au mascarpone*

1 **Préparation.** Préchauffez le four à 180° (th. 6). Beurrez et farinez légèrement le moule. Mettez les 70 g de cerneaux de noix dans le bol du mixeur et hachez-les grossièrement. Cassez les 2 œufs en séparant les blancs des jaunes. Versez les 150 g de farine dans un saladier. Ajoutez la levure.

2 **Mélange beurre-sucre-œufs.** Mettez les 140 g de beurre dans un saladier. Ajoutez les 140 g de sucre cassonade et mélangez bien avec une spatule. Ajoutez les 2 jaunes d'œufs l'un après l'autre.

3 **Incorporation.** Versez la cuillère à soupe de lait et 2 cuillères à café de jus de citron. Ajoutez la farine en pluie, les 50 g d'amandes en poudre et les cerneaux de noix hachés et mélangez.

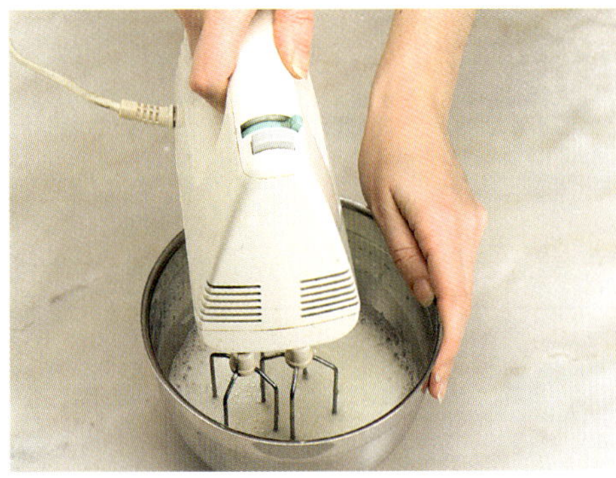

4 **Finition.** Montez les blancs en neige en ajoutant une petite pincée de sel. Incorporez peu à peu et en alternance les blancs en neige et les 200 g de carottes râpées.

5 **Cuisson.** Versez la pâte dans le moule. Mettez à cuire environ 40 min. Laissez tiédir quelques minutes, puis démoulez.

6 **Décoration.** Mettez les 140 g de mascarpone dans un saladier. Ajoutez les 40 g de sucre glace et une cuillère à café de jus de citron. Couvrez le cake de ce mélange crémeux et répartissez quelques cerneaux de noix entiers.

Ingrédients
(pour 4 à 6 personnes)

- 150 g de farine de blé ordinaire tamisée + 1 cuillère à soupe
- 140 g de mascarpone
- 40 g de sucre glace
- 200 g de carottes râpées
- 50 g d'amandes en poudre
- 70 g de cerneaux de noix hachés + quelques cerneaux entiers
- 2 œufs
- 140 g de sucre cassonade en poudre
- 140 g de beurre ramolli + 10 g
- 3 cuillères à café de jus de citron
- 1/2 sachet de levure chimique
- 1 cuillère à soupe de lait
- 1 pincée de sel

Ustensile

- un moule à cake d'environ 24 cm

Préparation : 20 minutes | *Repos : aucun* | *Cuisson : 40 minutes* | *Réalisation : facile* | *Coût : assez cher*

Étonnez vos amis avec ce cake au fondant extraordinaire, digne des meilleures pâtisseries italiennes ! Riche en saveurs multiples, il sera mis en valeur avec un thé parfumé à la vanille ou à la cannelle.

›Variante

Vous pouvez remplacer les 50 g d'amandes en poudre par la même quantité de noix de cajou en poudre. Vous pouvez aussi ajouter une petite note croustillante en saupoudrant le dessus du gâteau de 2 cuillères à soupe de noisettes ou de noix hachées mélangées à 2 cuillères à soupe de sucre vanillé juste avant de l'enfourner.

Le cake à la rose *et aux amandes*

Ingrédients
(pour 6 à 8 personnes)

- 200 g de farine de blé pâtissière tamisée + 10 g
- 1 sachet de levure chimique
- 100 g d'amandes en poudre
- 3 g d'essence d'amande
- 3 cuillère à soupe d'eau de rose
- 1 pincée de sel
- 1 sachet de sucre vanillé
- 100 g de beurre ramolli + 10 g
- 100 g de sucre en poudre
- 2 œufs
- 15 cl de lait

Ustensile

- un moule à cake d'environ 26 cm

1 **Mélange farine-levure.** Versez les 200 g de farine dans un saladier. Ajoutez le sachet de levure, la pincée de sel et le sachet de sucre vanillé. Mélangez bien.

2 **Mélange beurre-sucre.** Dans un saladier, travaillez au fouet les 100 g de beurre ramolli et les 100 g de sucre afin d'obtenir un mélange blanc. Ajoutez les 2 œufs entiers. Mélangez bien jusqu'à complète incorporation.

3 **Ajout de la farine.** Versez en pluie le mélange farine-levure. Mélangez bien. Ajoutez les 100 g d'amandes en poudre et les 3 g d'essence d'amande.

4 **Ajout de l'eau de rose.** Ajoutez peu à peu les 15 cl de lait et les 3 cuillères à soupe d'eau de rose. Mélangez bien les ingrédients jusqu'à obtention d'une pâte homogène.

5 **Garnissage.** Beurrez et farinez le moule à cake. Versez la pâte dans le moule.

6 **Cuisson.** Mettez à cuire environ 50 min. Vérifiez la cuisson du cake en enfonçant la lame d'un couteau ; elle doit en ressortir sèche. Laissez refroidir avant de démouler.

Préparation : 20 minutes | *Repos : aucun* | *Cuisson : 50 minutes* | *Réalisation : assez facile* | *Coût : assez cher*

Osez les associations inattendues. Un subtil et léger parfum d'Orient va animer vos papilles… Essence d'amande, eau de rose, sucre vanillé… Un pur délice ! Servez ce délicieux cake à l'heure du thé ou du café de l'après-midi.

› Dégustation

Servez votre cake à la rose accompagné d'une sauce au chocolat encore tiède. Pour réaliser une belle présentation, décorez le cake à la rose avec des amandes effilées. Vous les ferez préalablement dorer dans une poêle antiadhésive.

Financiers

Ingrédients
(pour 16 financiers)

- 150 g d'amandes en poudre
- 5 blancs d'œufs
- 200 g de beurre (+ pour les moules)
- 140 g de sucre semoule
- 140 g de sucre glace
- 60 g de farine
- 1 pincée de sel

Ustensiles

- 16 petits moules individuels carrés ou rectangulaires

1 **Le beurre clarifié.** Coupez 200 g de beurre en petits morceaux et faites-le fondre à feu doux dans une petite casserole. À l'aide d'une cuillère, éliminez l'écume blanche à la surface du beurre liquide. Versez-le doucement dans un bol, en laissant de côté le dépôt blanc au fond de la casserole. Beurrez avec soin 16 petits moules à financiers.

2 **Les amandes poêlées.** Versez 150 g d'amandes en poudre dans une poêle antiadhésive. Faites-les dorer quelques minutes à feu moyen, en remuant à la cuillère en bois. Laissez tiédir dans une assiette. Dans une jatte, mélangez 140 g de sucre semoule, 140 g de sucre glace et 60 g de farine tamisée à l'aide d'une passoire fine.

3 **Les blancs d'œufs.** Ajoutez les amandes poêlées. Mélangez bien. Battez 5 blancs d'œufs et 1 pincée de sel à la fourchette. Creusez un puits au centre du mélange et versez-y les blancs mousseux. Battez à la fourchette jusqu'à l'obtention d'une pâte homogène. Incorporez peu à peu le beurre clarifié, en remuant vivement.

4 **La cuisson.** Préchauffez le four à 180 °C (th. 6). À l'aide d'une petite louche, répartissez la pâte dans les moules à financiers beurrés. Glissez-les dans le four et faites cuire pendant 20 à 25 min, jusqu'à ce que les petits gâteaux soient gonflés et dorés. Laissez-les tiédir sur une grille puis démoulez-les et laissez-les refroidir.

› Dégustation

Tendres et dorés, les financiers sont délicieux à l'heure du thé ou pour le goûter des enfants ! Ils constituent aussi l'accompagnement idéal d'une salade de fruits, d'une crème glacée ou d'une mousse au chocolat..

*Une forme typique rectangulaire,
un goût subtil de macaron,
un bel aspect doré… ces petits gâteaux
sont d'une finesse incomparable !*

› Variante

Rehaussez l'arôme des gâteaux en parfumant la pâte avec quelques gouttes d'essence d'amande amère ou d'extrait de vanille liquide.
Incorporez le zeste finement râpé d'un citron ou d'une orange, ou quelques gouttes d'huile essentielle de bergamote.

Financiers *au chocolat*

Ingrédients
(pour 12 financiers)

- 75 g de chocolat noir
- 60 g d'amandes en poudre
- 1 cuillère à café d'extrait d'amande amère
- 3 blancs d'œufs
- 80 g de beurre
- 120 g de sucre en poudre
- 60 g de fécule de pomme de terre

Ustensiles

- 12 moules à financiers rectangulaires d'environ 10 x 4 cm

1 **La préparation des moules.** Dans une petite casserole, faites fondre 80 g de beurre à feu doux. Laissez-le tiédir. Préchauffez votre four à 200 °C (th. 6-7). À l'aide d'un pinceau à pâtisserie, enduisez soigneusement 12 moules à financiers de beurre fondu. Râpez 75 g de chocolat noir sur une râpe à gros trous.

2 **La confection de la pâte.** Versez dans une jatte 60 g d'amandes en poudre et 120 g de sucre. Mélangez avec une cuillère en bois. Ajoutez 3 blancs d'œufs non battus et remuez bien avec la cuillère. Incorporez ensuite 60 g de fécule de pomme de terre. Ajoutez 1 cuillère à café d'extrait d'amande amère et mélangez.

3 **Le remplissage des moules.** Versez dans la pâte le reste du beurre fondu, mélangez soigneusement, puis incorporez enfin le chocolat râpé. Répartissez la pâte équitablement dans les moules, sans les emplir entièrement. Placez les moules dans le four préchauffé et laissez cuire pendant 15 min environ.

4 **Le démoulage.** Vérifiez la cuisson en plantant la lame d'un couteau au centre d'un financier : elle doit ressortir propre et nette. Laissez reposer les gâteaux pendant au moins 5 min, puis démoulez-les sur une grille à pâtisserie. Laissez-les refroidir à température ambiante avant de servir.

›Dégustation

Avant même de mordre dans ces délicieux petits gâteaux, le parfum de chocolat qui en émane vous met l'eau à la bouche. Après s'y ajoute la saveur de l'amande. À réserver pour le petit creux de 11 h, le goûter ou l'heure du thé.

Préparation : 20 minutes | *Repos : aucun* | *Cuisson : 15 minutes* | *Réalisation : facile* | *Coût : bon marché*

Des petits gâteaux moelleux dont la recette traditionnelle est enrichie de chocolat noir râpé. À déguster à toute heure de la journée !

›Astuce

Il n'est pas nécessaire de beurrer des moules à revêtement antiadhésif ou en silicone.
Dans ce cas, ne faites fondre que 60 g de beurre pour la pâte.
Ne vous inquiétez pas si les gâteaux sont un peu mous sous le doigt lorsque vous les démoulez ; ils vont se raffermir en refroidissant.

Financiers *au chocolat blanc*

Ingrédients
(pour 50 financiers)

- 100 g de chocolat blanc
- 135 g d'amandes en poudre
- 5 blancs d'œufs
- 150 g de beurre (+ pour les moules)
- 250 g de sucre glace
- 55 g de farine (+ pour les moules)

Ustensiles

- moules à petits gâteaux de 3 à 4 cm de diamètre

1 La préparation des ingrédients. Cassez 5 œufs et séparez les blancs des jaunes en éliminant bien toute trace de jaune. Mélangez 250 g de sucre glace et 55 g de farine puis tamisez le tout avec une passoire.

2 La préparation du chocolat blanc. Avec un gros couteau, détaillez 100 g de chocolat blanc en petits morceaux de la taille d'un petit pois. Avec un pinceau, beurrez puis farinez les petits moules de cuisson.

3 La cuisson du beurre. Dans une casserole, placez 150 g de beurre. Faites chauffer à feu moyen. Quand le beurre se met à bouillir, agitez avec un fouet, réduisez le feu et laissez cuire pendant 3 min.

4 La pâte. Dans un saladier, versez le mélange farine-sucre. Ajoutez 135 g d'amandes en poudre et les blancs d'œufs. versez-y le beurre. Mélangez jusqu'à l'obtention d'une pâte homogène.

5 Le travail de la pâte froide. Laissez reposer la pâte une nuit au réfrigérateur. Le lendemain, travaillez-la avec une cuillère en bois pendant 2 min environ, pour la ramollir. Évitez de trop l'aérer.

6 Le moulage et la cuisson. Remplissez chaque moule beurré au trois quarts puis égalisez la surface de la pâte. Saupoudrez de chocolat blanc et faites cuire à 200 °C (th. 6-7) pendant 15 min. Servez froid.

*Agrémenté de petites pépites de chocolat blanc,
le financier devient un biscuit vraiment original.
Cachez-le de la vue des enfants !*

› Décoration

Vous pouvez incorporer le chocolat blanc directement dans la pâte et saupoudrer les financiers avec des fruits secs : noix, noisettes, amandes, pignons de pin. Cette pâte peut aussi être cuite dans un grand moule. Dans ce cas, lustrez le gâteau obtenu après cuisson avec un peu de gelée d'abricot et saupoudrez-le d'amandes effilées grillées.

La galette *au beurre salé*

Ingrédients
(pour 4 à 6 personnes)

- 250 g de farine de blé ordinaire tamisée
- 100 g de sucre en poudre
- 1 sachet de sucre vanillé
- 60 g de beurre salé + 10 g
- 3 cuillères à soupe de lait
- 1 œuf
- 1 pincée de sel
- 1 pincée de cannelle en poudre
- 1 jaune d'œuf pour dorer

1 **Préparation de la pâte.** Versez les 250 g de farine avec les 60 g de beurre salé, les 100 g de sucre en poudre et le sachet de sucre vanillé dans un saladier. Ajoutez l'œuf, les 3 cuillères à soupe de lait, la pincée de sel et la pincée de cannelle.

2 **Pétrissage.** Préchauffez le four à 180° C (th. 6). Pétrissez jusqu'à obtenir une pâte ferme. Formez une boule de pâte, couvrez-la d'un linge et laissez-la reposer 30 min à température ambiante.

3 **Préparation de la plaque.** Beurrez une plaque à pâtisserie. Farinez-la, puis renversez la plaque et tapotez pour ôter l'excédent.

4 **Formation de la galette.** Posez la pâte sur la plaque à pâtisserie farinée. Aplatissez à l'aide du rouleau à pâtisserie en formant un disque sur une épaisseur de 2 cm.

5 **Dorage de la galette.** Mélangez dans un petit bol le jaune d'œuf et la cuillère à soupe de lait. Badigeonnez le dessus de la galette. Dessinez des rayures avec la lame d'un couteau sans trop appuyer.

6 **Cuisson.** Mettez à cuire environ 15 min. La galette doit être juste dorée. Ne la laissez pas trop brunir. Laissez refroidir sur une grille.

Préparation : 40 minutes | Repos : 30 minutes | Cuisson : 15 minutes | Réalisation : assez facile | Coût : assez cher

Cette galette au beurre salé, c'est le meilleur de la tradition bretonne !
Vous la dégusterez avec un thé parfumé au citron
ou un bon chocolat chaud fumant.
De surcroît, elle se croque très bien à tout moment de la journée.

› Astuce

Si vous désirez plutôt réaliser des galettes individuelles, divisez la pâte en une vingtaine de morceaux et aplatissez-les en appuyant dessus avec une planche à découper farinée. Faites-les cuire 12 à 15 min. Conservez-les dans un endroit sec, dans une boîte hermétique, bien à l'abri de l'humidité.

Le gâteau moelleux *des îles Shetland*

Ingrédients
(pour 6 personnes)

- 250 g de farine de blé ordinaire tamisée
- 100 g de beurre + 10 g
- 20 g de sucre en poudre
- 15 cl de lait tiède
- 11 g de levure fraîche de boulanger
- 40 g de raisins secs
- 40 g de dés d'écorce d'orange confite
- 1 cuillère à soupe d'eau tiède
- 1/2 cuillère à café de sel

Ustensile

- un moule rond à bord haut d'env. 24 cm

1 **Préparation.** Émiettez les 11 g de levure fraîche dans 1 cuillère à soupe d'eau. Faites fondre les 100 g de beurre dans une petite casserole.

2 **Mélange.** Versez les 250 g de farine dans un saladier, creusez un puits. Versez la levure délayée, les 20 g de sucre, les 15 cl de lait tiède et le beurre fondu. Ajoutez la demi-cuillère à café de sel et mélangez bien. Pétrissez la pâte environ 8 min.

3 **1er temps de repos.** Formez une boule de pâte, mettez-la dans un plat creux. Couvrez d'un linge et laissez reposer dans un endroit chaud environ 45 min.

4 **2e temps de repos.** Incorporez les 40 g de raisins secs et les 40 g de dés d'écorce d'orange. Travaillez la pâte quelques instants. Beurrez le moule et étalez-y la pâte.Couvrez d'un linge et laissez reposer dans un endroit chaud environ 45 min.

5 **Finition.** Préchauffez le four à 190° (th. 6-7). Formez des petits trous sur le dessus de la pâte en enfonçant un doigt. Badigeonnez d'un peu d'eau.

6 **Cuisson.** Mettez à cuire environ 30 min. Surveillez la cuisson et couvrez le dessus du gâteau de papier aluminium s'il commence à brunir. Laissez tiédir 5 min, puis démoulez sur une grille.

Préparation : 20 minutes | Repos : 1 heure 30 | Cuisson : 30 minutes | Réalisation : facile | Coût : assez cher

Offrez-vous un voyage dépaysant et savoureux aux îles Shetland !
Ce délicieux goûter, enrichi ici de dés d'orange confite,
est la preuve qu'on peut faire simple
et très bon. À servir avec un bon thé brûlant !

› Variante

Vous pouvez badigeonner le dessus du gâteau d'un peu de beurre fondu avant de le mettre au four. Vous pouvez aussi ajouter quelques amandes entières émondées dans la pâte et en placer six ou sept sur le dessus pour apporter une petite note croquante très agréable.

Le gâteau *au pavot*

Ingrédients
(pour 4 à 6 personnes)

- 125 g de farine de blé pâtissière tamisée
- 125 g de sucre cassonade en poudre
- 125 g de beurre + 10 g
- 4 œufs
- 80 g de graines de pavot
- 50 g de chocolat noir pâtissier
- 1 pincée de sel
- 2 cuillères à soupe de sucre glace

Ustensile

- un moule à cake

1 **Préparation.** Préchauffez le four à 180° (th. 6). Beurrez et farinez légèrement le moule. Râpez les 50 g de chocolat.

2 **Préparation de la pâte.** Cassez les 4 œufs dans un saladier, ajoutez les 125 g de sucre, la pincée de sel et fouettez le tout en un mélange crémeux.

3 **Incorporation.** Ajoutez les 80 g de pavot, le chocolat râpé et les 125 g de farine en pluie tout en continuant de mélanger.

4 **Finition.** Faites fondre à feu doux les 125 g de beurre dans une petite casserole. Ôtez du feu. Ajoutez ce beurre fondu dans la pâte.

5 **Garnissage.** Remplissez le moule avec la pâte.

6 **Cuisson.** Mettez à cuire environ 25 min. Laissez tiédir, démoulez le cake et laissez refroidir sur une grille. Saupoudrez de sucre glace en vous aidant d'une petite passoire fine.

Préparation : 10 minutes | *Repos : aucun* | *Cuisson : 25 minutes* | *Réalisation : facile* | *Coût : assez cher*

Créez une savoureuse ambiance gourmande en confectionnant ce beau gâteau qui ne demande qu'un bon thé fumant pour le mettre en valeur ! Le pavot apporte une note suave et délicate.

›Le pavot

Le pavot est l'un des ingrédients classiques de la pâtisserie autrichienne que l'on retrouve dans plusieurs gâteaux traditionnels et fort savoureux comme le Mohnstollen ou le Mohnstrudel. Mais son utilisation est aussi très courante dans la confection de nombreux pains dans toute l'Europe centrale.

Les goûters pralinés *au chocolat blanc*

Ingrédients
(pour 6 petits goûters)

- 160 g de farine de blé ordinaire tamisée
- 50 g de sucre en poudre
- 70 g de chocolat blanc
- 12 cl de lait
- 40 g de beurre + 10 g
- 1 œuf + 1 jaune
- 40 g de pralines
- 1 pincée de sel
- 1/2 sachet de levure chimique

Ustensiles

- 6 moules à muffins

1 **Préparation.** Préchauffez le four à 180° (th. 6). Beurrez les moules à muffins.

2 **Préparation du chocolat.** Découpez les 70 g de chocolat blanc en petits morceaux en vous aidant d'un couteau.

3 **Préparation du beurre.** Découpez les 40 g de beurre en dés. Mettez-les dans une petite casserole à fond épais et laissez fondre.

4 **Mélange.** Versez les 160 g de farine dans un saladier. Ajoutez le demi-sachet de levure, les 50 g de sucre, la pincée de sel et le chocolat, puis mélangez.

5 **Ajout.** Fouettez l'œuf, le jaune, les 12 cl de lait et le beurre fondu. Incorporez le mélange liquide dans le mélange à base de farine. Ajoutez les 40 g de pralines.

6 **Cuisson.** Versez la pâte dans les moules. Mettez à cuire environ 20 min. Laissez refroidir, puis démoulez.

Préparation : 20 minutes | Repos : aucun | Cuisson : 15 minutes | Réalisation : facile | Coût : assez cher

Renouvelez les petits plaisirs gourmands et préparez ces délicieux gâteaux moelleux à cœur. Une recette qui met en valeur les qualités gustatives du chocolat blanc. À apprécier le jour même avec un bon thé fumant !

› Décoration

Vous pouvez facilement donner un bel air de fête à vos goûters en faisant fondre 100 g de chocolat blanc à feu très doux. Vous le verserez sur les goûters refroidis et démoulés, en laissant ensuite le chocolat durcir avant de servir.

Macarons *au chocolat et aux amandes*

Ingrédients
(pour 30 macarons)

- 150 g d'amandes en poudre
- 100 g de chocolat noir
- une trentaine d'amandes mondées
- 2 pincées de vanille
- 1/2 cuillère à café de cannelle
- 2 blancs d'œufs
- 125 g de sucre glace
- 1 pincée de sel

1 Les blancs d'œufs en neige. Préchauffez votre four à 210 °C (th. 7). Tapissez une plaque à pâtisserie de papier sulfurisé. Râpez finement 100 g de chocolat noir, à l'aide d'une râpe à fromage. Mettez 2 blancs d'œufs dans un saladier. Ajoutez-y 1 pincée de sel et montez-les en neige avec un batteur électrique.

2 L'ajout du sucre glace. Lorsque les blancs sont à demi-montés, versez dessus 125 g de sucre glace en le tamisant, tout en continuant à battre. Versez dans une jatte 150 g d'amandes en poudre. Ajoutez 2 pincées de vanille et 1/2 cuillère à café de cannelle. Mélangez avec une cuillère à soupe, puis incorporez le chocolat râpé.

3 La formation des macarons. Versez ensuite le contenu de la jatte sur les blancs en neige et mélangez avec une spatule. Prenez 1 cuillère à café de pâte et déposez-la sur la plaque, en vous aidant d'une autre cuillère à café. Déposez toute la pâte en petits tas, en les espaçant d'au moins 4 cm. Aplatissez-les avec une spatule humide.

4 La finition. Enfoncez une amande au centre de chaque macaron. Glissez la plaque au four, ramenez la température à 170 °C (th. 5-6), et laissez cuire les macarons de 10 à 12 min. Faites glisser le papier sulfurisé sur un torchon humide posé à plat sur le plan de travail. Décollez les macarons, laissez-les refroidir sur une grille.

› Dégustation

Depuis que les macarons ont été importés en France sous le règne de Catherine de Médicis, bon nombre de villes s'en sont fait une spécialité : Nancy, Bordeaux, Saint-émilion, Niort et bien d'autres, preuve que les amateurs sont nombreux !

Préparation : 30 minutes | Repos : aucun | Cuisson : 10-12 minutes | Réalisation : assez facile | Coût : assez cher

D'exquis petits gâteaux moelleux au chocolat,
discrètement parfumés
à la cannelle et à la vanille,
à consommer sans attendre !

›Tour de main

Passez-vous les mains sous l'eau froide avant de râper le chocolat. Comme cette opération est un peu longue, vous pouvez d'abord racler le côté de la plaque avec un couteau économe et hacher ensuite les copeaux avec un grand couteau.

Les macarons *au miel*

Ingrédients
(pour 4 à 6 personnes)

- 200 g de sucre en poudre
- 1 sachet de sucre vanillé
- 250 g d'amandes en poudre
- 2 blancs d'œufs + 1 jaune
- 1 cuillère à soupe de miel
- 1 cuillère à soupe de gelée d'abricots

1 **Préparation.** Versez les 250 g d'amandes en poudre, les 200 g de sucre en poudre, le sachet de sucre vanillé, le jaune d'œuf, la cuillère à soupe de miel dans un saladier et mélangez.

2 **Incorporation.** Ajoutez les 2 blancs d'œufs puis remuez.

3 **Temps de repos.** Ajoutez la cuillère à soupe de gelée d'abricots. Couvrez le saladier d'un film alimentaire et mettez au frais environ 8 heures.

4 **Façonnage.** Formez un long boudin de pâte d'environ 4 cm de diamètre en l'enroulant dans un film alimentaire. Mettez au frais 30 minutes.

5 **Découpe.** Découpez des tranches d'environ 2 cm d'épaisseur et déposez-les sur une plaque de four couverte d'un papier sulfurisé.

6 **Cuisson.** Préchauffez le four à 160° (th. 5-6). Mettez à cuire les biscuits pendant une quinzaine de minutes. Posez-les sur une grille et laissez refroidir.

Préparation : 15 minutes | Repos : 8 heures 30 | Cuisson : 15 minutes | Réalisation : facile | Coût : assez cher

Raffinement et élégance gourmande sont au rendez-vous avec ces petits macarons au miel. Fondants en bouche, délicieusement parfumés aux amandes, ils réjouiront vos invités du jour !

› Astuce

Ces délicieux petits macarons au miel feront aussi de superbes cadeaux.
Vous les envelopperez alors dans un papier transparent que vous fermerez avec un joli ruban de couleur.
Vous pouvez remplacer la gelée d'abricots par une gelée de framboises.
N'oubliez pas de toujours travailler vos produits à la même température afin de les mélanger plus facilement.

Macarons *à la rose*

Ingrédients
(pour 24 macarons)

- 2 cuillères à soupe de confit de pétales de rose
- 10 pétales de rose cristallisés
- 250 g d'amandes en poudre
- 5 gouttes de colorant alimentaire rouge
- 5 gouttes de colorant alimentaire jaune
- 3 blancs d'œufs
- 15 g de beurre (pour les plaques)
- 250 g de sucre glace (+ pour la finition)
- 1 pincée de sel

Ustensiles

- 2 plaques antiadhésives à petits gâteaux de 12 alvéoles

1 **La pâte.** Au mixer, réduisez en poudre 10 pétales de rose cristallisés. Dans une jatte, mélangez 250 g d'amandes en poudre et 250 g de sucre glace. Incorporez un par un 3 blancs d'œufs. Ajoutez les pétales de rose, 2 cuillères à soupe de confit de pétales de rose et 1 pincée de sel. Mélangez jusqu'à l'obtention d'une pâte homogène.

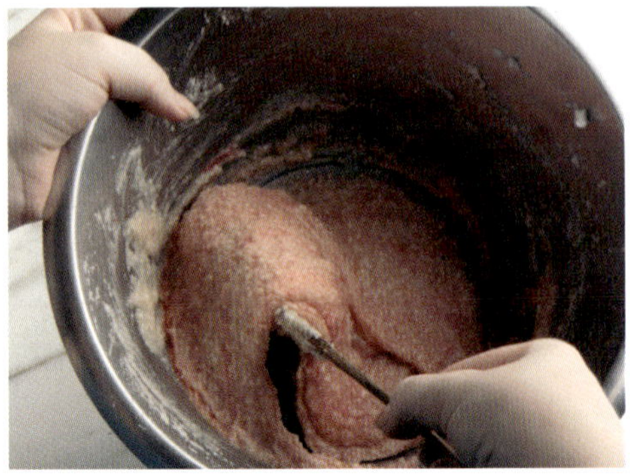

2 **La coloration.** Versez une par une 5 gouttes de colorant alimentaire rouge et autant de colorant alimentaire jaune. Mélangez-les soigneusement à la pâte à l'aide d'une spatule en caoutchouc, jusqu'à l'obtention d'une coloration rose thé. Faites fondre 15 g de beurre. À l'aide d'un pinceau, beurrez les alvéoles de 2 plaques à petits gâteaux.

3 **La cuisson des macarons.** Préchauffez le four à 140 °C (th. 4-5). À l'aide de 2 cuillères, répartissez la pâte dans les alvéoles préalablement beurrées, en les emplissant aux trois-quarts. Tamponnez la surface avec un pinceau humide pour l'égaliser. Faites cuire au four pendant 25 à 30 min, jusqu'à ce que le bord des macarons commence à dorer.

4 **La finition.** Laissez refroidir les plaques pendant quelques minutes sur 2 grilles à pâtisserie. À l'aide d'une spatule métallique, démoulez les macarons tièdes, encore légèrement mous au toucher. Saupoudrez-les d'un voile de sucre glace tamisé à l'aide d'une passoire fine. Dégustez aussitôt ou rangez dans une boîte.

›Astuce

Vous pouvez utiliser des moules souples en silicone. Inutile de les beurrer. À défaut de plaques à petits gâteaux, beurrez 2 plaques à pâtisserie et tapissez-les de papier sulfurisé. Déposez des petits tas de pâte à l'aide de 2 cuillères, en les espaçant.

Préparation : 40 minutes | *Repos : aucun* | *Cuisson : 25-30 minutes* | *Réalisation : assez facile* | *Coût : bon marché*

Le parfum de la rose, subtil et insolite,
apporte une note d'exotisme
à ces macarons bien moelleux.
Un délice de gourmet !

› Décoration

Disposez les macarons dans une jolie boîte métallique en séparant chaque rangée de biscuits à l'aide d'une feuille de papier sulfurisé.

Madeleines *au chocolat*

Ingrédients
(pour 20 madeleines)

- 120 g de chocolat noir
- 3 œufs
- 120 g de sucre en poudre
- 100 g de beurre (+ pour les moules)
- 2 cuillères à café de levure chimique
- 6 pincées de cannelle en poudre
- 100 g de farine (+ pour les moules)

Ustensiles

- 2 plaques à madeleines

1 **Le chocolat fondu.** Préchauffez le four à 120 °C, th. 3. Cassez 120 g de chocolat en petits morceaux dans une jatte supportant la chaleur. Posez la jatte au-dessus d'une casserole d'eau frémissante mais non bouillante. Laissez fondre le chocolat.

2 **Lissage du chocolat.** Quand les carrés de chocolat sont bien mous, mélangez à l'aide d'une spatule en bois pour vérifier qu'il n'y a plus de morceaux et lisser le chocolat. Retirez la jatte du bain-marie et laissez tiédir le chocolat.

3 **Les œufs.** Cassez 3 œufs dans une autre jatte. Ajoutez 120 g de sucre et, sans attendre, fouettez avec un batteur électrique pendant quelques minutes, jusqu'à ce que le mélange blanchisse et double de volume.

4 **Préparation de la pâte.** Tamisez ensemble 100 g de farine et 2 cuillères à café de levure chimique. Incorporez-les à la mousse d'œufs sucrés, en mélangeant au batteur électrique, à vitesse moyenne. Incorporez également 6 pincées de cannelle.

5 **Finition de la pâte.** Faites fondre 100 g de beurre à feu très doux. Après quelques secondes, incorporez-le à la pâte ainsi que le chocolat. Beurrez et farinez 2 plaques à madeleines avec 30 g de beurre et 1 cuillère à soupe de farine.

6 **Cuisson des madeleines.** Répartissez la pâte dans les alvéoles, avec une petite louche, sans les emplir à ras bord. Faites cuire au four de 12 à 15 min, jusqu'à ce que les madeleines soient gonflées. Démoulez-les et laissez-les refroidir.

Préparation : 20 minutes | *Repos : aucun* | *Cuisson : 15 minutes* | *Réalisation : facile* | *Coût : bon marché*

Indémodable, cette merveilleuse madeleine
sait pourtant changer de parfum :
essayez-la avec du chocolat...

›Astuce

Pour beurrer les plaques à madeleines, faites fondre le beurre et utilisez un pinceau pour en enduire les alvéoles jusqu'au fond de leurs rainures, sinon le démoulage risque d'être difficile. Laissez sécher, saupoudrez de farine avec une toute petite passoire fine, puis retournez les plaques et secouez-les légèrement pour faire tomber l'excédent de farine.

Minicakes *au chocolat*

Ingrédients
(pour 4 personnes)

- 75 g de chocolat noir
- 1 cuillère à soupe de cacao
- 2 cuillères à soupe de café noir fort
- 2 œufs
- 75 g de beurre (+ pour les ramequins)
- 40 g de sucre en poudre
- 120 g de farine

Ustensiles

- 4 petits ramequins en porcelaine de 6 cm de diamètre

1 Les moules. Préchauffez votre four à 170 °C (th. 5-6). Beurrez 4 petits ramequins, tapissez-en le fond de papier sulfurisé, beurrez-le également. Réservez-les au frais. Mettez 75 g de beurre en morceaux dans une casserole avec 75 g de chocolat également en morceaux, 2 cuil. à soupe de café noir et 40 g de sucre.

2 La pâte. Faites fondre le contenu de la casserole à feu doux, en remuant sans arrêt avec une cuillère en bois. Tamisez 120 g de farine et 1/2 cuillère à soupe de cacao au-dessus d'une jatte. Creusez une fontaine au centre. Lorsque le chocolat est fondu, mélangez, puis versez-le doucement dans la fontaine.

3 La cuisson. À l'aide d'une cuillère en bois, incorporez progressivement la farine au chocolat en travaillant à partir du centre. Ajoutez 2 œufs entiers et battez bien avec un fouet à main. Répartissez la pâte entre les 4 ramequins beurrés, mettez dans le four chaud et laissez cuire pendant 20 min environ.

4 La finition. Lorsque la cuisson est achevée, sortez les ramequins du four et laissez refroidir les cakes. Démoulez-les lorsqu'ils sont froids et posez-les sur une grille à pâtisserie. Retirez le papier sulfurisé. Mettez un peu de cacao dans une passoire fine et saupoudrez-en les cakes. Au dessert, accompagnez-les de framboises fraîches.

›Astuce

Ces minicakes sont parfaits pour le goûter ou le petit creux de onze heures. Ils peuvent aussi être servis au dessert avec de la confiture de framboises ou une crème à la vanille.

Préparation : 20 minutes | Repos : 1 heure | Cuisson : 25 minutes | Réalisation : facile | Coût : assez cher

Bien que « mini » parce qu'individuels,
ces cakes sont néanmoins « pleinement chocolatés » !

›Astuce

Beurrez légèrement le fond des ramequins (juste assez pour que le papier sulfurisé soit collé) ; soyez plus généreux pour la paroi. Utilisez éventuellement des moules à revêtement antiadhésif ou des moules en silicone.

Les moelleux aux céréales *et à l'orange*

Ingrédients
(pour 6 moelleux)

- 180 g de farine de blé ordinaire tamisée
- 100 g de beurre ramolli + 10 g
- 80 g de yaourt crémeux
- 70 g d'un mélange de céréales pour le petit déjeuner
- 2 œufs
- 120 g de sucre cassonade
- 1 jus d'orange
- 1 cuillère à café de zeste d'orange râpé
- 1/2 sachet de levure chimique
- 1 pincée de sel

Ustensiles

- 6 moules à muffins

1 **Préparation.** Préchauffez le four à 180° (th. 6). Beurrez légèrement les moules.

2 **Fonte du beurre.** Mettez les 100 g de beurre dans une casserole et faites fondre doucement. Ôtez la casserole du feu.

3 **Mélange.** Versez les 180 g de farine et le demi-sachet de levure dans un saladier et mélangez. Ajoutez les 120 g de sucre cassonade, la pincée de sel et mélangez.

4 **Finition.** Fouettez les 2 œufs dans un bol. Ajoutez les 80 g de yaourt et le beurre fondu. Incorporez ce mélange crémeux dans la farine. Incorporez également le jus d'orange, le zeste d'orange râpé et les 70 g de céréales.

5 **Garnissage.** Versez la pâte dans les moules.

6 **Cuisson.** Mettez à cuire environ 15 min. Attendez 5 minutes avant de démouler les moelleux.

Préparation : 15 minutes | Repos : aucun | Cuisson : 15 minutes | Réalisation : facile | Coût : assez cher

Voici une belle recette, à la fois riche en goûts et pleine de vitamines et de fibres. Elle sera parfaite pour un petit déjeuner débordant d'énergie ou pour rassasier vos petits gourmands à l'heure du goûter. À consommer sans modération !

›Astuce

Vous pouvez réaliser une version encore plus légère de ces moelleux en remplaçant le beurre par 10 cl de crème de soja et en choisissant un mélange de céréales sans sucre que vous trouverez facilement dans les magasins de diététique. Si vous diminuez la quantité de sucre dans votre pâte, rehaussez les saveurs en ajoutant deux ou trois pincées de quatre-épices ou de noix de muscade finement râpée.

Les moelleux dattes *et noix*

Ingrédients
(pour 6 moelleux)

- 200 g de farine de blé pâtissière tamisée
- 60 g d'amandes en poudre
- 110 g de beurre + 10 g
- 110 g de sucre cassonade en poudre
- 80 g de dattes
- 40 g de cerneaux de noix
- 2 œufs
- 20 cl de lait
- 1/2 sachet de levure chimique
- 1 pincée de sel

Ustensiles

- 6 moules à muffins

1 **Préparation.** Préchauffez le four à 180° (th. 6). Beurrez légèrement les moules à muffins. Faites fondre doucement les 110 g de beurre dans une casserole à fond épais.

2 **Préparation des dattes.** Découpez les 80 g de dattes en deux, ôtez les noyaux et hachez la chair.

3 **Mélange.** Mélangez dans un saladier les 200 g de farine, le demi-sachet de levure et la pincée de sel. Ajoutez les 60 g d'amandes en poudre et les 110 g de sucre cassonade.

4 **Incorporation.** Cassez les 2 œufs dans un saladier et ajoutez peu à peu les 20 g de lait, tout en fouettant. Versez les œufs et le lait dans le saladier de farine.

5 **Finition de la pâte.** Ajoutez les dattes et les 40 g de cerneaux de noix dans la pâte.

6 **Cuisson.** Versez la pâte dans les moules. Mettez à cuire environ 15 min. Laissez refroidir, puis démoulez.

Préparation : 20 minutes | Repos : aucun | Cuisson : 15 minutes | Réalisation : facile | Coût : assez cher

Quoi de meilleur que de délicieux petits biscuits moelleux riches en fruits secs pour agrémenter une pause gourmande ? Comme ils se glissent facilement dans une poche, ils accompagneront vos enfants à l'heure du goûter.

› Décoration

Réservez quelques cerneaux de noix entiers que vous poserez sur le dessus de chaque moelleux avant la cuisson. Vous pouvez aussi choisir de placer quelques amandes effilées ou bien une amande entière émondée à la place des cerneaux de noix.

Le moelleux *à l'orange*

Ingrédients
(pour 4 à 6 personnes)

- 120 g de farine de blé pâtissière tamisée
- 150 g de beurre ramolli + 10 g
- 150 g de sucre en poudre + 40 g
- 2 œufs
- 1/2 sachet de levure chimique
- 1 jus d'orange

Ustensile

- un moule rond à bord haut d'env. 22 cm

1 **Préparation.** Préchauffez le four à 180° (th. 6). Beurrez le moule.

2 **Préparation de l'orange.** Brossez l'orange sous un filet d'eau fraîche et essuyez-la. Râpez finement le zeste et extrayez le jus.

3 **Mélange.** Mettez les 150 g de beurre mou dans un saladier. Ajoutez les 150 g de sucre, le jus d'orange, les 2 œufs un à un et le zeste d'orange râpé.

4 **Préparation de la farine.** Mélangez dans un bol les 120 g de farine et le demi-sachet de levure.

5 **Finition.** Versez la farine en pluie dans la pâte, mélangez et garnissez-en le moule.

6 **Cuisson.** Mettez à cuire environ 30 min, puis démoulez. Mélangez dans un bol le jus d'orange et 40 g de sucre en poudre. Faites tiédir et laissez fondre le sucre. Versez sur le dessus du gâteau. Laissez refroidir.

*Ambiance délicate et fruitée pour ce succulent gâteau !
Vous l'apprécierez aussi bien en dessert,
après un bon repas en famille, qu'à l'heure du thé ou du café.
Et il est très facile à confectionner !*

› Décoration

Vous pouvez réaliser une belle décoration avec des zestes d'orange confits. Détaillez en lanières le zeste d'une belle orange non traitée. Mettez durant 1 min dans une casserole d'eau bouillante. Égouttez et passez sous un filet d'eau froide. Faites cuire au frémissement dans un sirop fait de 50 cl d'eau et de 250 g de sucre en poudre. Laissez refroidir, puis décorez le dessus du gâteau de lanières confites.

Le moelleux *pommes-raisins aux épices*

Ingrédients
(pour 4 à 6 personnes)

- 700 g de pommes
- 120 g de raisins secs
- 150 g de farine de blé ordinaire tamisée
- 70 g de farine de blé semi-complète
- 120 g de beurre ramolli + 10 g
- 120 g de sucre cassonade en poudre
- 1/2 sachet de levure chimique
- le zeste râpé d'une demi-orange non traitée
- 1 cuillère à café de vanille liquide
- 1/4 cuillère à café de cannelle en poudre
- 1/4 cuillère à café de quatre-épices
- 1/4 cuillère à café de gingembre en poudre

1 Préparation des pommes. Rincez les pommes, pelez-les, coupez-les en quatre, ôtez cœur et pépins. Mettez-les dans une casserole, ajoutez 2 ou 3 cuillères à soupe d'eau, couvrez et laissez cuire à feu moyen 15 mn. Ôtez du feu, écrasez-les en purée à l'aide d'une fourchette, égouttez et laissez tiédir.

2 Préparation de la pâte. Préchauffez le four à 180° (th. 6). Beurrez et farinez légèrement le moule. Découpez les 120 g de beurre en dés et mettez-les dans un saladier. Ajoutez les 120 g de sucre cassonade en poudre et mélangez bien avec une spatule.

3 Incorporation. Incorporez la purée de pommes, le zeste d'orange râpé et la cuillère à café de vanille liquide dans le mélange beurre-sucre. Ajoutez les 120 g de raisins secs.

4 Mélange farine-levure. Versez les 150 g de farine de blé ordinaire, les 70 g de farine semi-complète, le demi-sachet de levure dans un saladier et mélangez. Ajoutez la cannelle en poudre, le quatre-épices et le gingembre en poudre. Mélangez.

5 Finition. Versez la farine en pluie dans le mélange beurre-sucre et mélangez. Versez la pâte dans le moule.

6 Cuisson. Mettez à cuire environ 30 min. Laissez tiédir quelques minutes, puis démoulez sur une grille.

Préparation : 40 minutes | *Repos : aucun* | *Cuisson : 30 minutes* | *Réalisation : facile* | *Coût : assez cher*

Voici un superbe gâteau qui fera la joie des gourmands à l'heure du goûter ! Son bon goût de pommes fondantes en bouche et ses légers parfums de vanille des îles s'accompagnent parfaitement d'un bon thé.

›Variante

Vous pouvez ajouter 5 cl de jus d'orange dans la pâte de votre gâteau pour renforcer ses goûts fruités. Si vous aimez particulièrement les saveurs de vanille, ajoutez une demi-cuillère à café de vanille en poudre. Vous pouvez aussi accentuer le petit goût de caramel en saupoudrant le cake de 2 cuillères à soupe de sucre cassonade en poudre.

Les muffins *aux fruits confits*

Ingrédients
(pour 6 muffins)

- 150 g de farine de blé ordinaire tamisée
- 1/2 cuillère à café de levure chimique
- 1/2 cuillère à café de sel
- 1 œuf
- 11 cl de lait
- 50 g de beurre ramolli + 10 g
- 1 cuillère à café de rhum
- 150 g de fruits confits
- 50 g de cassonade en poudre

Ustensiles

- 6 moules à muffins

1 Mélange farine-levure. Préchauffez le four à 180° (th. 6). Versez les 150 g de farine, la levure et la demi-cuillère à café de sel dans un saladier. Mélanger l'œuf, les 50 g de sucre cassonade, les 11 cl de lait, les 50 g de beurre fondu et la cuillère à café de rhum dans un autre saladier.

2 Mélange des ingrédients. Ajoutez la farine tamisée. Mélangez très légèrement et ne remuez pas trop la pâte.

3 Ajout des fruits confits. Incorporez les 150 g de fruits confits.

4 Préparation des moules. Beurrez et farinez les moules. Remplissez les moules aux deux tiers de pâte.

5 Cuisson. Mettez à cuire environ 20 min, jusqu'à ce qu'ils soient bien gonflés et dorés.

6 Démoulage. Attendez 5 min avant de démouler les muffins. Laissez refroidir sur une grille.

Préparation : 20 minutes | *Repos : aucun* | *Cuisson : 20 minutes* | *Réalisation : assez facile* | *Coût : assez cher*

*Aujourd'hui, préparez un goûter qui sort de l'ordinaire pour les enfants.
Ces délicieux gâteaux au bon goût de beurre
et garnis de fruits colorés se grignoteront
avec plaisir, accompagnés d'une grenadine à l'eau.*

› Décoration

Pour donner un petit air de fête à vos muffins, couvrez-les d'une couche de vermicelles colorés ou chocolatés, ou bien ajoutez une belle couche de fromage frais battu avec deux cuillères à soupe de sucre glace et terminez la décoration avec une demi-cerise confite sur le dessus de chaque muffin. N'oubliez pas de réaliser votre décoration une fois les muffins refroidis.

Muffins *aux raisins secs*

Ingrédients
(pour 12 muffins)

- 100 g de raisins de Corinthe
- 60 g de beurre (+ pour les moules)
- 1 œuf
- 1 sachet de levure chimique
- 25 cl de lait
- 125 g de sucre en poudre
- 250 g de farine (+ 2 cuillères à soupe)
- 1 pincée de sel

Ustensile

- plaque alvéolée ou 12 petits moules ronds métalliques ou en papier

1 **Trempage des raisins.** Rincez 100 g de raisins de Corinthe, plongez-les dans un bol rempli d'eau tiède et laissez-les tremper pendant 15 min. Préchauffez le four à 180 °C, th. 6. Faites fondre 60 g de beurre à feu doux.

2 **Préparation des mélanges.** Tamisez 250 g de farine et 1 sachet de levure chimique au-dessus d'un saladier. Ajoutez 1 pincée de sel et 125 g de sucre. Dans une jatte, battez 1 œuf avec 25 cl de lait, à l'aide d'un fouet à main, puis ajoutez le beurre fondu.

3 **La pâte.** Versez le contenu de la jatte (œuf, lait et beurre) dans le saladier contenant la farine et le sucre. Mélangez délicatement avec une cuillère en bois, sans remuer trop longuement ni battre la pâte qui serait trop épaisse.

4 **Les raisins farinés.** Égouttez les raisins de Corinthe dans une passoire, puis séchez-les sur du papier absorbant. Saupoudrez-les avec 1-2 cuillères à soupe de farine et mélangez pour les enrober, pour qu'ils ne collent pas à la pâte pendant la cuisson.

5 **Emplissage des moules.** Incorporez les raisins à la pâte. Beurrez 12 petits moules ou les alvéoles d'une plaque. Emplissez-les de pâte aux deux tiers, à l'aide d'une cuillère à soupe. Mettez au four et laissez cuire pendant 25 min.

6 **La cuisson.** Vérifiez la cuisson des muffins en plantant la pointe d'un couteau dans l'un des gâteaux : elle doit ressortir sèche. Laissez reposer 1 min, retournez les muffins sur une grille et laissez tiédir 2 min avant de servir.

Préparation : 20 minutes | Trempage : 15 minutes | Cuisson : 25 minutes | Réalisation : facile | Coût : bon marché

Des petits raisins de Corinthe truffent ces muffins
à la mie tendre et légère.
À déguster dès la sortie du four, à toute heure du jour !

›Astuce

À la fin de la cuisson, les muffins doivent être dorés et légèrement craquelés au sommet.
Ne travaillez pas trop la pâte de façon à ce qu'elle garde un aspect grumeleux.
Vos muffins seront ainsi plus fondants.
Une pâte trop malaxée les rendrait durs et élastiques.

Muffins *au sarrasin*

Ingrédients
(pour 6 muffins)

- 1 pomme
- 2 cuillères à soupe de calvados
- 1 œuf
- 15 cl de lait
- 20 g de beurre (+ pour les moules)
- 125 g de cassonade
- 25 g de sucre semoule
- 100 g de farine de sarrasin
- 75 g de farine
- 5 cuillères à soupe d'huile
- 1/2 sachet de levure chimique
- 1 pincée de sel

Ustensile

- plaque antiadhésive pour 6 muffins

1 **Les pétales de pomme.** Épluchez 1 pomme et coupez-la en quartiers. Détaillez chaque quartier en minces pétales, en coupant dans le sens de la largeur. Faites-les dorer à la poêle dans 20 g de beurre. Saupoudrez-les de 25 g de sucre semoule et faites-les caraméliser. Déglacez avec 2 cuillères à soupe de calvados. Laissez réduire 2 min.

2 **La pâte au sarrasin.** Versez 100 g de farine de sarrasin et 75 g de farine dans une jatte. Ajoutez 125 g de cassonade, 1/2 sachet de levure chimique et 1 pincée de sel. Mélangez et creusez un puits au centre des ingrédients. Versez-y 1 œuf. Battez-le au fouet à main puis incorporez une par une 5 cuillères à soupe d'huile.

3 **La garniture des alvéoles.** Ajoutez peu à peu 15 cl de lait, en fouettant jusqu'à l'obtention d'une pâte lisse et épaisse. Préchauffez le four à 180 °C (th. 6). Beurrez avec soin les 6 alvéoles d'une plaque à muffins. Répartissez les pétales de pomme caramélisés au fond des alvéoles. À l'aide d'une louche, versez délicatement la pâte dans les alvéoles.

4 **La cuisson des muffins.** Glissez la plaque dans le four et laissez cuire les muffins pendant 25 min, jusqu'à ce qu'ils soient bien gonflés. Retirez la plaque du four et laissez-la tiédir sur une grille. Démoulez les muffins avec précaution, en veillant à ce que les pétales de pomme ne restent pas collés au fond des alvéoles. Servez tiède ou froid.

› Astuce

Si quelques pétales de pomme adhèrent au fond des moules, replacez-les délicatement à la base des muffins. Vous pouvez les présenter la tête en bas : une amusante façon de mettre en valeur les pommes caramélisées !

Préparation : 45 minutes | Repos : aucun | Cuisson : 25 minutes | Réalisation : facile | Coût : bon marché

Le sarrasin confère à ces muffins une saveur toute particulière… vous aimerez leur légèreté, et les pétales de pomme caramélisés !

› Variante

Remplacez les pétales de pomme par 50 g de chocolat noir haché en petits éclats, ou 50 g de noix concassées.
Enfoncez de fines lamelles de pomme reinette dans les alvéoles garnies de pâte à muffins, sans les faire caraméliser au préalable.

Les nonnettes

Ingrédients
(pour 6 nonnettes)

- 140 g de farine de blé pâtissière tamisée + 1 cuillère à soupe
- 60 g de sucre en poudre
- 100 g de miel
- 70 g de dés d'écorce d'orange confite
- 40 g de beurre + 10 g
- 10 cl d'eau
- 4 pincées de cannelle en poudre
- 2 pincées de quatre-épices
- 1 pincée de sel
- 1 sachet de levure chimique

Ustensiles

- 6 moules ronds

1 **Préparation.** Découpez les 40 g de beurre en dés. Versez les 10 cl d'eau, les 100 g de miel, les 60 g de sucre en poudre et les dés de beurre dans une casserole. Portez au frémissement. Ôtez du feu et donnez un tour de cuillère pour bien mélanger.

2 **Mélange.** Versez les 140 g de farine dans un saladier. Ajoutez le sachet de levure, la pincée de sel, les 4 pincées de cannelle et les 2 pincées de quatre-épices.

3 **Incorporation.** Incorporez peu à peu le mélange beurre-miel-sucre dans la farine, tout en mélangeant soigneusement avec un fouet.

4 **Temps de repos.** Couvrez le saladier de film alimentaire et mettez au frais pendant environ 1 h. Préchauffez le four à 210° (th. 8).

5 **Garnissage.** Passez rapidement les 70 g de dés d'écorce d'orange confite dans une cuillère à soupe de farine. Incorporez-les dans la pâte. Beurrez légèrement les moules. Répartissez la pâte dans chaque moule sans les remplir entièrement.

6 **Cuisson.** Mettez à cuire environ 15 à 20 min. Laissez tiédir et démoulez les nonnettes sur une grille.

Préparation : 15 minutes | Repos : 1 heure | Cuisson : 15 à 20 minutes | Réalisation : facile | Coût : assez cher

Elles ont l'accent chantant, ces adorables petites nonnettes !
Grande spécialité des religieuses de Reims et de Dijon,
elles sont une merveille de douceur. Quatre-épices, cannelle et orange confite... :
des délices vraiment parfaits à l'heure de la pause gourmande !

›Astuce

Vous dégusterez ces nonnettes avec une confiture d'oranges ou de citron, ou tout simplement une noix de beurre frais. Un fromage blanc fouetté parfumé avec le miel que vous aurez utilisé pour la pâte de vos nonnettes et servi très frais sera tout aussi délicieux.

Panettone *au chocolat*

Ingrédients
(pour 2 panettones)

- 50 g de chocolat noir
- 80 g de raisins de Corinthe (+ 1 cuillère à soupe)
- 80 g d'amandes effilées (+ 1 cuillère à soupe)
- 2 zestes de citron hachés
- 3 œufs + 4 blancs
- 60 cl de lait
- 150 g de beurre (+ pour le moule)
- 50 g de sucre en poudre
- 800 g de farine (+ pour le moule)
- 20 g de levure de boulanger
- 1 pincée de sel

Ustensile

- 2 moules à panettone de 18 cm

1 **La préparation des ingrédients.** Avec un grand couteau, hachez assez grossièrement 50 g de chocolat noir. Tamisez 800 g de farine à l'aide d'une passoire fine et éliminez tous les grumeaux. Dans une casserole, faites fondre 150 g de beurre sans le faire bouillir. Faites tiédir 60 cl de lait. Dans une poêle, faites dorer 80 g d'amandes effilées.

2 **La pâte.** Versez 35 cl du lait tiède dans un bol. Ajoutez 20 g de levure, 50 g de sucre, 1 pincée de sel et mélangez. Versez la farine dans le bol du robot ménager. Ajoutez 2 œufs, 4 blancs, 2 zestes de citron hachés et le lait sucré. Pétrissez 10 min puis ajoutez le beurre fondu. Roulez la pâte en boule et réfrigérez pendant 1 nuit.

3 **Le façonnage des panettones.** À l'aide d'un pinceau, beurrez 2 moules puis farinez-les. Secouez-les pour faire tomber l'excédent de farine. Mélangez le chocolat fondu, les amandes dorées et 80 g de raisins de Corinthe à la pâte, en utilisant le robot ménager. Formez 2 boules avec cette pâte, placez-en une dans chaque moule. Dorez leur surface avec 1 œuf battu.

4 **La cuisson.** Faites préchauffer le four à 180 °C (th. 6). Laissez gonfler la pâte à température ambiante pendant 2 h. Dorez à nouveau à l'œuf battu, saupoudrez de 1 cuillère à soupe d'amandes et autant de raisins. Enfournez les moules pour 40 min de cuisson. Sortez du four et laissez refroidir. Servez tiède ou froid.

› Tour de main

Pour donner au pannetone un aspect plus brillant et croustillant, saupoudrez-le de sucre glace avant de l'enfourner.
Et pour le décor, vous pouvez saupoudrer le gâteaux de fruits confits.

Préparation : 35 minutes | Repos : 1 nuit + 2 heures | Cuisson : 40 minutes | Réalisation : assez facile | Coût : assez cher

Spécialité italienne qui rappelle la brioche,
le panettone dans cette version truffée de raisins,
d'amandes et de chocolat,
fera un excellent goûter.

›Astuce

Le beurre fondu doit être incorporé tiède, sans plus.
Trop chaud, il « tuerait » la levure et le gâteau ne lèverait pas.
Pour bien réussir la pâte, choisissez de préférence une farine bio : en effet, elle contient plus de protéines et se travaille plus facilement dans le robot ménager.

Les petits gâteaux *aux pistaches*

Ingrédients
(pour 4 à 6 personnes)

- 100 g de beurre + 10 g
- 25 g de farine de blé pâtissière tamisée
- 160 g de sucre glace
- 3 blancs d'œufs
- 100 g d'amandes en poudre
- 40 g de pistaches hachées
- 250 g de pistaches entières
- sucre glace
- 1 pincée de sel

Ustensiles

- 20 moules à financiers

1 **Préparation.** Préchauffez le four à 180° (th. 6). Beurrez légèrement les moules. Découpez les 100 g de beurre en dés et mettez-les dans une petite casserole à fond épais. Faites fondre doucement.

2 **Mélange.** Versez les 25 g de farine, les 160 g de sucre glace, les 100 g d'amandes en poudre et les 40 g de pistaches hachées dans un saladier. Mélangez.

3 **Préparation des blancs en neige.** Versez les 3 blancs d'œufs dans un saladier, ajoutez 1 pincée de sel et montez-les en neige ferme avec le batteur électrique.

4 **Incorporation.** Incorporez les blancs en neige et le beurre fondu afin d'achever la préparation de la pâte.

5 **Garnissage.** Versez la pâte dans les moules. Placez une pistache sur le dessus de chaque biscuit.

6 **Cuisson.** Mettez à cuire environ 8 min. Démoulez les biscuits et laissez refroidir sur une grille. Saupoudrez de sucre glace au moment de servir.

Préparation : 15 minutes | *Repos : aucun* | *Cuisson : 8 minutes* | *Réalisation : facile* | *Coût : assez cher*

Voici de petits gâteaux à offrir aux véritables amateurs de pâtisserie traditionnelle. Moelleux et délicats, ils sont vite dévorés, pour le plus grand plaisir de vos papilles. À déguster le jour même.

›Astuce

Prenez le temps de bien préchauffer le four avant d'enfourner vos biscuits. Leur cuisson étant très courte, une bonne chaleur est indispensable pour permettre à la pâte de gonfler suffisamment. Vous pouvez saupoudrer vos biscuits d'un peu de cacao en poudre à la place de sucre glace.

Les petits feuilletés *à la pêche*

Ingrédients
(pour 6 personnes)

- 500 g de pâte feuilletée
- 75 g de beurre ramolli
- 60 g de sucre glace
- 75 g d'amandes en poudre
- 30 g de farine de blé pâtissière tamisée
- 1 œuf + 1 jaune
- 6 demi-pêches au sirop

1 **Préparation de la crème d'amande.** Versez les 75 g de dés de beurre et les 60 g de sucre glace dans un saladier. Mélanger. Incorporez l'œuf, puis les 30 g de farine en pluie et les 75 g d'amandes en poudre.

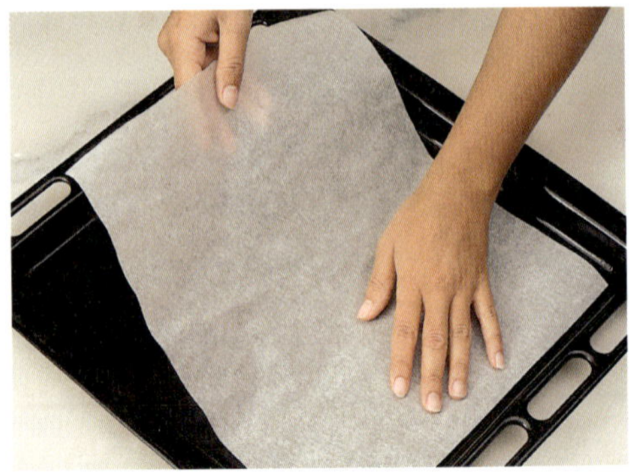

2 **Préparation de la cuisson.** Préchauffez le four à 180° (th. 6). Couvrez une plaque de four de papier sulfurisé.

3 **Préparation de la pâte.** Étalez la pâte sur un plan de travail légèrement fariné. Découpez 6 carrés d'environ 11 cm de côté.

4 **Garnissage.** Mettez un peu de crème d'amande au centre des feuilletés. Égouttez les demi-pêches. Disposez une demi-pêche sur chaque feuilleté. Rabattez les 4 pointes vers le centre et déposez sur la plaque de four.

5 **Finition.** Versez le jaune d'œuf dans un bol. Ajoutez une cuillère à soupe d'eau et fouettez rapidement avec une fourchette. Badigeonnez le dessus des feuilletés de jaune d'œuf battu en vous aidant d'un pinceau.

6 **Cuisson.** Mettez à cuire les feuilletés environ 20 min. Laissez refroidir sur une grille.

Préparation : 20 minutes | Repos : aucun | Cuisson : 20 minutes | Réalisation : assez facile | Coût : bon marché

Vous aimez les pêches ? Essayer cette recette simple et goûteuse.
Une gourmandise à offrir et à s'offrir si vous aimez
les desserts croustillants et fruités.
Un goûter raffiné à apprécier entre amis !

› Variante

Vous pouvez ajouter une cuillère à café de zeste d'orange râpé dans votre crème d'amande pour relever les saveurs.
En finition, vous pouvez aussi ajouter une couche fine de glaçage blanc sur la pâte de vos feuilletés.

Les petites brioches *anglaises*

Ingrédients
(pour 8 brioches)

- 330 g de farine de blé ordinaire tamisée + 50 g
- 60 g de raisins secs
- 50 g de beurre
- 18 cl de lait tiède
- 11 g de levure fraîche de boulanger
- 40 g de sucre en poudre
- 40 g de dés d'écorce d'orange confite
- 1 cuillère à café de sel
- 1/2 cuillère à café de quatre-épices en poudre
- 1/2 cuillère à café de cannelle en poudre

Pour le glaçage

- 4 cuillères à soupe d'eau
- 4 cuillères à soupe de sucre en poudre

1 **Préparation.** Émiettez les 11 g de levure dans les 18 cl de lait tiède. Découpez les 50 g de beurre en dés.

2 **Mélange.** Versez les 330 g de farine dans un saladier et ajoutez la levure délayée. Incorporez la cuillère à café de sel, la demi-cuillère à café de quatre-épices, la demi-cuillère à café de cannelle, les 40 g de sucre, les 40 g d'écorce d'orange, les 60 g de raisins secs et les dés de beurre.

3 **Temps de repos.** Travaillez la pâte environ 8 min. Formez une boule et mettez-la dans un plat creux.Couvrez d'un linge et laissez reposer environ 1 h.

4 **Façonnage.** Travaillez la pâte et partagez-la en 8 petites boules. Donnez-leur une forme carrée. Placez-les sur une plaque de four légèrement farinée. Incisez le dessus en forme de croix. Couvrez et laissez reposer environ 45 min dans un endroit chaud.

5 **Finition.** Mélangez les 50 g de farine et ajoutez un peu d'eau pour former une pâte souple sous les doigts. Étalez la pâte en un rectangle et découpez des bandelettes d'un demi-centimètre de large. Badigeonnez d'un peu d'eau et posez deux bandelettes de pâte en croix sur chaque brioche.

6 **Cuisson.** Préchauffez le four à 180° (th. 6). Mettez à cuire environ 15 min. Faites tiédir les 4 cuillères à soupe d'eau et les 4 cuillères à soupe de sucre. Badigeonnez les brioches de ce sirop à la sortie du four. Laissez refroidir sur une grille.

Préparation : 25 minutes | Repos : 1 heure 45 | Cuisson : 15 minutes | Réalisation : assez facile | Coût : assez cher

Les Anglais adorent se régaler de ces jolies petites brioches au moment des fêtes de Pâques. Riche en orange confite, délicatement parfumée d'épices... cette spécialité est à découvrir sans tarder !

› Décoration

Vous pouvez aussi confectionner un joli glaçage en mélangeant 2 cuillères à soupe de lait avec 2 cuillères à soupe de sucre en poudre. Faites tiédir ce mélange, puis badigeonnez les brioches encore tièdes, à la sortie du four.

Petits roulés *au chocolat praliné*

Ingrédients
(pour 18 petits roulés)

- 150 g de chocolat praliné (spécialité pour dessert)
- 50 g de noisettes décortiquées
- 50 g d'amandes décortiquées
- 2 œufs + 1 blanc
- 3 cuillères à soupe de crème fraîche épaisse
- 100 g de beurre (+ pour la plaque)
- 75 g de cassonade
- 40 g de sucre glace
- 300 g de farine (+ pour le plan de travail)
- 1 sachet de levure de boulanger
- 1/2 cuillère à café de sel

1 LE LEVAIN. Versez 1 sachet de levure de boulanger dans un bol. Ajoutez 2 cuillères à soupe d'eau tiède et laissez reposer 15 min. Dans une jatte, mélangez 300 g de farine avec 75 g de cassonade et 1/2 cuillère à café de sel.

2 LE BEURRE ET LES ŒUFS. Ajoutez 100 g de beurre en dés et mélangez du bout des doigts jusqu'à l'obtention d'une consistance sableuse. Creusez un puits et versez-y 2 œufs. Mélangez à la fourchette, puis incorporez peu à peu la farine.

3 LA PÂTE LEVÉE. Incorporez le levain à la préparation, en mélangeant jusqu'à l'obtention d'une pâte homogène et molle. Pétrissez-la 15 min en la battant sur le plan de travail fariné. Laissez-la reposer 4 h au chaud.

4 LA GANACHE AU PRALINÉ. Au mixer, broyez grossièrement 50 g de noisettes et 50 g d'amandes décortiquées. Faites fondre 150 g de chocolat praliné et 3 cuillères à soupe de crème fraîche au bain-marie. Lissez à la cuillère en bois.

5 LES PETITS ROULÉS. Prélevez une petite quantité de pâte de la taille d'une noix. Étalez-la en un rectangle de 6 x 12 cm. Garnissez-le de ganache, parsemez-le de fruits concassés et roulez-le sur lui-même. Fixez avec une pique en bois.

6 LA CUISSON. Préchauffez le four à 180 °C (th. 6). Confectionnez 17 autres petits roulés. Placez-les sur une plaque beurrée. Au pinceau, enduisez-les d'un blanc d'œuf battu avec 40 g de sucre glace. Faites cuire 20 min au four.

Préparation : 1 heure 30 | Repos : 4 heures 15 | Cuisson : 20 minutes | Réalisation : délicate | Coût : assez cher

À base de pâte briochée,
ces petits gâteaux sont farcis d'une ganache
au praliné et de fruits secs hachés.
Terriblement tentants !

›Tour de main

Utilisez une corne à pâtisserie pour racler le plan de travail et récupérer la pâte qui y adhère. Au bout de 5 min environ, la pâte est moins collante et l'utilisation de la corne n'est plus nécessaire.

Quatre-quarts

Ingrédients
(pour 6 personnes)

- 175 g de beurre (+ pour le moule)
- 3 œufs
- 175 g de sucre en poudre
- 175 g de farine (+ pour le moule)
- 1 pincée de sel

1 Le ruban. Coupez 175 g de beurre en petits morceaux et laissez-les ramollir. Cassez 3 œufs en séparant les blancs des jaunes. Déposez les jaunes dans un saladier et mettez les blancs dans une jatte. Ajoutez 175 g de sucre aux jaunes d'œufs. Battez avec un fouet à main jusqu'à ce que le mélange blanchisse et forme un ruban.

2 La pâte. Incorporez peu à peu le beurre ramolli coupé en petits morceaux. Tamisez 175 g de farine et incorporez-la également. Préchauffez le four à 200 °C, th. 7. Beurrez le fond et la paroi d'un moule à manqué avec 20 g de beurre. Saupoudrez-le avec 1 cuillère à soupe de farine, puis secouez le moule à l'envers pour retirer l'excédent.

3 Les blancs en neige. Ajoutez 1 pincée de sel aux 3 blancs d'œufs et montez-les en neige ferme avec un batteur électrique. Incorporez le quart de ces blancs battus à la pâte contenue dans le saladier, en remuant vivement pour qu'elle devienne souple.

4 La cuisson. Ajoutez ensuite le reste des blancs en mélangeant délicatement. Versez la pâte dans le moule. Lissez la surface. Faites cuire 35 min au four. Sortez le gâteau du four et laissez-le reposer 5 min, puis démoulez-le et laissez-le refroidir sur une grille.

›Variante

Vous pouvez parfumer la pâte de votre quatre-quarts en y incorporant le zeste d'un citron ou d'une orange finement râpé, quelques gouttes d'arôme d'orange naturel, d'extrait de vanille liquide ou d'extrait d'amande amère.

Préparation : 20 minutes | *Repos : aucun* | *Cuisson : 35 minutes* | *Réalisation : facile* | *Coût : bon marché*

Idéal pour le goûter des enfants, ce savoureux quatre-quarts à l'ancienne peut aussi être fourré et se transformer en gâteau de dessert.

›Astuce

Ne faites pas fondre le beurre, laissez-le juste ramollir suffisamment pour pouvoir l'incorporer. Au besoin, mettez-le dans une terrine plongée dans un peu d'eau chaude et travaillez-le. Pour alléger la pâte du quatre-quarts, remplacez la moitié de la farine par de la fécule de pomme de terre.

La tarte feuilletée *aux amandes*

Ingrédients
(pour 4 à 6 personnes)

- 1 rouleau de pâte feuilletée
- 1 cuillère à soupe de farine pour le plan de travail
- 20 g de farine pour le moule
- 10 g de beurre mou pour le moule
- 2 œufs
- 100 g de sucre en poudre
- 100 g de poudre d'amandes
- 1 citron jaune bio
- 50 g d'amandes effilées

1 **Préparation du moule.** À l'aide d'un pinceau, beurrez le moule à tarte avec les 10 g de beurre mou, puis farinez-le avec les 20 g de farine et rejetez l'excédent en le retournant.

2 **Le fond de tarte.** Disposez la pâte dans le moule à tarte en repliant les bords vers l'intérieur. Préchauffez le four à 180° (th. 6).

3 **Préparation du citron.** Lavez le citron sous un filet d'eau, brossez-le. Essuyez-le, râpez-en le zeste sur une râpe fine. Coupez-le en deux et pressez-le sur un presse-agrumes pour en récupérer le jus.

4 **Préparation de la crème d'amandes.** Dans une terrine mélangez à la cuillère en bois les 2 œufs entiers, les 100 g de sucre en poudre, les 100 g de poudre d'amandes, le zeste et le jus du citron.

5 **Remplissage du moule.** Versez cette préparation sur le fond de la tarte, parsemez le dessus avec les 50 g d'amandes effilées.

6 **Cuisson.** Faites cuire à four moyen pendant 30 min jusqu'à légère coloration. Servez tiède ou froid.

Préparation : 30 minutes | Repos : aucun | Cuisson : 30 minutes | Réalisation : assez facile | Coût : assez cher

Vous attendez une petite visite amicale ?
Aucun souci! Vous préparerez en un clin d'œil
cette tarte feuilletée aux amandes jolie et raffinée.
Pour la mettre en valeur, servez-la avec un thé de grand cru.

Astuce

L'amande fraîche n'arrive sur les marchés qu'en juin et juillet. Pour les monder, c'est-à-dire enlever la petite peau marron qui recouvre l'amande blanche, faites-les tremper toute une nuit dans l'eau froide, ou quelques minutes dans l'eau bouillante.
La peau s'enlève alors très facilement.

Les tartelettes *aux noix*

Ingrédients
(pour 6 tartelettes)

Pour la pâte

- 250 g de farine de blé pâtissière tamisée
- 125 g de beurre ramolli + 10 g
- 80 g de sucre en poudre
- 1 sachet de sucre vanillé
- 1 œuf
- 1 pincée de sel

Pour la garniture

- 150 g de cerneaux de noix
- 100 g de sucre en poudre
- 2 œufs
- 14 cl de crème fraîche liquide
- 10 cl de lait

Ustensiles

- 6 moules à tartelettes

1 Préparation de la pâte. Versez les 250 g de farine dans un saladier et creusez un puits. Ajoutez les 125 g de beurre en dés, mélangez du bout des doigts, puis incorporez l'œuf, les 80 g de sucre, le sachet de sucre vanillé et la pincée de sel.

2 Temps de repos. Formez 6 boules de pâte, enveloppez-les dans du film alimentaire et laissez reposer au frais environ 1 h. Préchauffez le four à 180° (th. 6).

3 Fonçage des moules. Beurrez et farinez les moules. Étalez les boules de pâte en 6 petits disques d'environ 14 cm de diamètre. Garnissez les moules avec la pâte. Piquez les fonds avec une fourchette.

4 Cuisson à blanc. Découpez 6 petits cercles de papier sulfurisé. Placez-les sur les fonds et couvrez d'une couche de légumes secs. Mettez à cuire environ 8 min. Ôtez le papier et les légumes secs. Démoulez et laissez refroidir sur une grille.

5 Garnissage. Concassez les 150 g de cerneaux de noix. Mettez les 100 g de sucre en poudre et les 2 œufs dans un saladier. Fouettez bien, puis incorporez les 140 g de crème fraîche liquide, les 10 cl de lait et les noix concassées. Garnissez les fonds de tartelettes avec ce mélange.

6 Cuisson. Mettez à cuire environ 25 min, en baissant la température du four à 150° (th. 5) les 10 dernières minutes.Laissez tiédir et démoulez.

*Ambiance raffinée et riche en douceurs
pour cette recette de tartelettes bien croustillantes
qui ravira tous les amateurs de pâtisseries.
À savourer avec une tasse de thé parfumé à la vanille.*

›Conservation

Les noix peuvent s'abîmer très facilement si vous les conservez dans de mauvaises conditions. Prenez toujours soin de les entreposer dans un endroit sec, bien à l'abri de l'humidité, de la chaleur et de la lumière. Elles pourront alors se garder plusieurs semaines sans aucun problème.

Tartelettes au chocolat, *miel et orange*

Ingrédients
(pour 8 tartelettes)

- 200 g de chocolat noir
- 60 g d'amandes décortiquées
- 10 cl de jus d'orange
- 3 cuillères à soupe de miel
- 2 feuilles de gélatine
- 1 jaune d'œuf
- 150 g de beurre (+ pour les moules)
- 25 g de sucre en poudre
- 250 g de farine (+ pour les moules)
- 1 pincée de sel

Ustensiles

- 8 moules à tartelette

1 La pâte sucrée. Dans une jatte, mélangez 250 g de farine avec 25 g de sucre en poudre et 1 pincée de sel. Ajoutez 125 g de beurre en petits dés. Mélangez du bout des doigts jusqu'à l'obtention d'une consistance sableuse. Incorporez 1 jaune d'œuf et 3 cuillères à soupe d'eau. Mélangez rapidement et roulez la pâte en boule.

2 Les fonds de pâte. Préchauffez le four à 180 °C (th. 6). Beurrez 8 moules à tartelette. Saupoudrez-les d'un voile de farine. Étalez la pâte et garnissez-en les moules. Piquez les fonds de pâte à la fourchette. Recouvrez-les d'aluminium ménager et de légumes secs. Faites-les cuire au four pendant 25 min puis laissez-les refroidir.

3 La gelée au miel et à l'orange. Faites chauffer 10 cl de jus d'orange. Hors du feu, incorporez-y 2 feuilles de gélatine ramollies dans de l'eau froide et bien égouttées. Laissez tiédir, puis délayez 3 cuillères à soupe de miel dans la gélatine fondue. Répartissez la préparation dans les fonds de pâte refroidis. Réservez sur une grille.

4 La ganache. Faites fondre 200 g de chocolat noir au bain-marie. Lorsque le chocolat s'est ramolli, ajoutez 25 g de beurre et lissez à la cuillère en bois. Laissez refroidir puis faites couler la ganache dans les moules, sur la gelée au miel et à l'orange. Parsemez la surface des tartelettes de 60 g d'amandes décortiquées et concassées.

›Astuce

Si les moules sont bien beurrés et bien farinés, les tartelettes se démoulent avec plus de facilité. Dès la sortie du four, ôtez l'aluminium ménager et les légumes secs. Placez les fonds de pâte sur une grille et laissez-les refroidir.

Préparation : 1 heure | Repos : aucun | Cuisson : 35 minutes | Réalisation : assez facile | Coût : assez cher

Au cœur de ces tartelettes « surprise »
se cache une gelée fruitée, au miel et à l'orange.
Un dessert frais et raffiné à déguster l'été !

›Astuce

Versez le jus d'orange dans un récipient en pyrex et faites-le chauffer environ 1 min dans le four à micro-ondes. Faites fondre la gélatine dans le jus très chaud, mais non bouillant. Laissez prendre la gelée avant de couler la ganache dans les fonds de pâte. Les deux préparations doivent se superposer, sans se mélanger.

Tartelettes à la confiture *de cerises, croûte d'amandes*

Ingrédients
(pour 8 tartelettes)

- 1 pot de confiture de cerises noires
- 125 g d'amandes en poudre
- 1 citron
- 2 cuillères à soupe de kirsch
- 3 œufs
- 100 g de beurre (+ pour les moules)
- 85 g de sucre en poudre
- 2 cuillères à soupe de sucre glace
- 150 g de farine
- 1 pincée de sel

Ustensile

- 8 moules à tartelettes de 8 cm de diamètre

1 **La préparation de la pâte.** Tamisez 150 g de farine, mélangez avec 50 g d'amandes en poudre et 1 pincée de sel. Travaillez 100 g de beurre pour le réduire en crème et mélangez-le avec 60 g de sucre. Incorporez 1 œuf, puis le mélange d'amandes et de farine. Roulez la pâte en boule et laissez-la reposer pendant au moins 2 h au frais.

2 **Les fonds de tartelettes.** Préchauffez votre four à 180 °C (th. 6). Beurrez 8 moules à tartelettes. Étalez la pâte sur 3 mm d'épaisseur. Coupez-y 8 disques de 12 cm de diamètre. Garnissez-en les moules. Piquez les fonds de pâte avec une fourchette. Mettez au four et laissez cuire pendant 10 min. Laissez refroidir les fonds de tartelettes.

3 **La préparation de la garniture.** Cassez 2 œufs en séparant les blancs des jaunes. Fouettez les jaunes avec 25 g de sucre. Brossez 1 citron sous de l'eau tiède, essuyez-le, râpez son zeste au-dessus des jaunes d'œufs sucrés. Incorporez 75 g d'amandes en poudre et 2 cuillères à soupe de kirsch. Battez les blancs d'œufs en neige ferme et incorporez-les.

4 **La finition.** Couvrez largement le fond des tartelettes avec un pot de confiture de cerises noires. Répartissez dessus la garniture aux amandes et au kirsch. Saupoudrez avec 2 cuillères à soupe de sucre glace. Glissez les moules au four et laissez cuire de 10 à 12 min. Démoulez les tartelettes sur une grille et laissez-les refroidir.

› Astuce

Pour bien monter, les blancs d'œufs doivent avant tout être placés dans un récipient parfaitement propre et sec. Évitez d'y laisser couler un peu de jaune. Avant de les battre, ajoutez-y 1 pincée de sel ou 1/2 cuillère à café de jus de citron.

Préparation : 30 minutes | Repos : 2 heures | Cuisson : 20-25 minutes | Réalisation : facile | Coût : assez cher

*De délicieuses tartelettes qui cachent
sous leur couverture moelleuse
une exquise confiture de cerises noires.
À dévorer à l'heure du goûter !*

›Tour de main

Si vous n'arrivez pas à étaler la pâte, scindez-la en deux, placez-la sur du film alimentaire, commencez par l'étaler avec la main, puis placez un second film par-dessus et finissez le travail au rouleau à pâtisserie. Vous pouvez aussi séparer tout de suite la pâte en huit et étaler chaque portion séparément.

Tartelettes *pêches-pistaches*

Ingrédients
(pour 8 tartelettes)

- 4 pêches
- 250 g de mascarpone
- 75 g de pistaches mondées (+ pour le décor)
- 2 cuillères à soupe de kirsch
- 2 jaunes d'œufs
- 100 g de beurre (+ pour les moules)
- 75 g de sucre glace
- 2 cuillères à soupe de sucre semoule
- 250 g de farine (+ pour le plan de travail)
- 1 pincée de sel

Ustensiles

- 8 moules à tartelettes

1 **La pâte sablée.** Au mixer, broyez en poudre 75 g de pistaches mondées. Dans une jatte, réduisez 100 g de beurre ramolli en pommade. Incorporez 2 jaunes d'œufs, 75 g de sucre glace, 1 pincée de sel et les pistaches en poudre.

2 **La boule de pâte.** Ajoutez peu à peu 250 g de farine tamisée à l'aide d'une passoire fine, et 2 cuillères à soupe d'eau. Mélangez jusqu'à l'obtention d'une pâte homogène et roulez-la en boule. Placez-la 2 h au réfrigérateur.

3 **Les pêches pelées.** Faites bouillir 2 litres d'eau dans une casserole. Plongez-y 4 pêches. Laissez frémir 5 min puis retirez les fruits à l'aide d'une écumoire. Rafraîchissez-les et pelez-les. Ôtez le noyau et coupez-les en deux.

4 **La macération.** Déposez les demi-pêches dans un grand plat. Saupoudrez-les de 2 cuillères à soupe de sucre et ajoutez 2 cuillères à soupe de kirsch. Laissez-les macérer 1 h au réfrigérateur. Préchauffez le four à 180 °C (th. 6).

5 **Les fonds de pâte.** Étalez la pâte sablée sur le plan de travail fariné et garnissez-en 8 moules à tartelettes beurrés. Recouvrez-les d'aluminium ménager et de légumes secs. Faites-les cuire au four pendant 20 min. Réservez sur une grille.

6 **Les finitions.** Égouttez les pêches. Dans une jatte, fouettez 250 g de mascarpone avec le jus de macération. Garnissez-en les fonds de pâte refroidis. Placez une demi-pêche au centre de chaque tartelette. Parsemez de pistaches.

Préparation : 1 heure | Macération : 1 heure | Cuisson : 25 minutes | Réalisation : assez facile | Coût : assez cher

Sur fond de pâte sablée aux pistaches,
de fines tartelettes garnies
d'une crème au kirsch et de pêches rafraîchies…
Une harmonie subtile !

›Variante

Remplacez les pêches par des nectarines.
Coupez-les en fines lamelles, sans les peler, et faites-les macérer.
Procurez-vous des pistaches mondées, d'une franche couleur verte.
À défaut, décortiquez vous-même des pistaches non salées.

Tresse briochée *aux amandes et au chocolat*

Ingrédients
(pour 6 personnes)

- 80 g de chocolat noir concassé
- 80 g d'amandes en poudre
- 40 g d'amandes effilées
- 1 cuillère à soupe de rhum
- 3 œufs + 1 jaune
- 15 cl de lait
- 215 g de beurre
- 60 g de sucre glace + 1 cuillère à soupe
- 30 g de sucre en poudre
- 250 g de farine (+ 1 cuillère à soupe)
- 1 cuillère à soupe de Maïzena
- 10 g de levure de boulanger
- 5 g de sel

1 La pâte à brioche. Dans le bol du robot, versez 250 g de farine, 5 g de sel, 10 g de levure et 3 œufs entiers. Pétrissez pendant 10 min à vitesse moyenne puis ajoutez 180 g de beurre ramolli, morceau par morceau.

2 Le repos de la pâte. Une fois la pâte pétrie, roulez-la en boule et placez-la dans un grand saladier. Farinez la surface de la pâte et recouvrez le récipient de film alimentaire. Placez-le au réfrigérateur pendant 1 nuit.

3 La crème pâtissière. Fouettez 1 jaune d'œuf avec 30 g de sucre en poudre et 1 cuillère à soupe de farine. Faites bouillir 15 cl de lait et versez-le sur le mélange précédent. Fouettez soigneusement, puis portez à ébullition. Laissez refroidir.

4 La crème d'amandes. Placez la crème cuite dans un saladier. Versez-y 60 g de sucre glace, 35 g de beurre fondu et 80 g d'amandes en poudre et mélangez. Incorporez 1 cuillère à soupe de Maïzena et 1 cuillère à soupe de rhum.

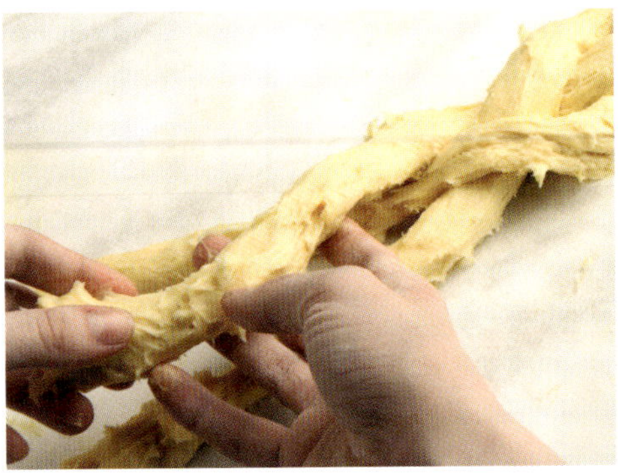

5 Le façonnage de la tresse. Travaillez la pâte à brioche pour la ramollir un peu. Formez 3 cylindres de 40 cm de long. Soudez-les à une extrémité et formez une tresse sans trop serrer. Posez-la sur une plaque recouverte de papier sulfurisé.

6 La cuisson et le service. Étalez la crème sur la tresse sans l'écraser. Saupoudrez avec 80 g de chocolat noir concassé, 40 g d'amandes effilées et 1 cuillère à soupe de sucre glace. Laisser gonfler 2 h. Faites cuire à 180 °C (th. 6) pendant 35 min.

Préparation : 30 minutes | *Repos : 1 nuit + 2 heures* | *Cuisson : 35 minutes* | *Réalisation : délicate* | *Coût : assez cher*

Découvrez cette brioche moelleuse
et délicatement parfumée.
Un régal pour le goûter ou le petit-déjeuner !

›Astuce

Pour que la pâte briochée prenne toute sa saveur, il est indispensable de la laisser reposer une nuit dans le réfrigérateur. Pendant ce laps de temps, elle fermente et cette fermentation produit des arômes vraiment exquis, qui seraient impossibles à obtenir autrement.

Talmouses *aux fruits secs et au chocolat*

Ingrédients
(pour 8 petits gâteaux)

- 50 g de chocolat noir
- 50 g de cerneaux de noix
- 50 g d'abricots secs
- 2 cuillères à soupe de mascarpone
- 1 pincée de cannelle
- 1 pincée de gingembre
- 1 œuf + 1 jaune
- 150 g de beurre (+ pour la plaque)
- 25 g de sucre semoule
- 1 sachet de sucre vanillé
- 300 g de farine (+ pour le plan de travail)
- 1 pincée de sel

1 La pâte brisée. Mélangez 300 g de farine, 1 pincée de sel et 1 sachet de sucre vanillé. Ajoutez 150 g de beurre en dés. Mélangez du bout des doigts. Incorporez 1 jaune d'œuf et 3 cuillères à soupe d'eau. Roulez la pâte en boule.

2 Les cerneaux caramélisés. Faites dorer 50 g de cerneaux de noix dans une poêle antiadhésive pendant quelques minutes. Versez-y 25 g de sucre semoule. Faites caraméliser à feu moyen en mélangeant à l'aide de deux spatules. Laissez refroidir.

3 La farce. Hachez 50 g de chocolat noir en petits éclats. Coupez 50 g d'abricots secs en très petits dés. Concassez les noix caramélisées. Mélangez le chocolat, les abricots et les noix. Ajoutez 2 cuillères à soupe de mascarpone.

4 Les disques de pâte. Parfumez la farce avec 1 pincée de cannelle et 1 pincée de gingembre. Réservez. Préchauffez le four à 180 °C (th. 6). Étalez la pâte sur le plan de travail fariné. Découpez-la en 8 disques de 15 cm de diamètre.

5 Les talmouses. Au centre de chaque disque, déposez une grosse noix de farce. Au pinceau, badigeonnez le tour de pâte avec 1 œuf battu. Repliez les bords sur la farce, en forme de tricorne. Pincez pour souder les bords.

6 La cuisson. Déposez les 8 talmouses sur une plaque beurrée tendue de papier sulfurisé. Badigeonnez-les de nouveau à l'œuf battu. Faites cuire au four pendant 30 min, jusqu'à ce que les gâteaux soient bien dorés.

Préparation : 1 heure | *Repos : aucun* | *Cuisson : 30 minutes* | *Réalisation : assez facile* | *Coût : bon marché*

Farcis de chocolat et de fruits secs,
ces petits gâteaux en forme de tricorne
se dégustent tout chauds, à la sortie du four...

›Astuce

Dès que les cerneaux de noix ont caramélisé,
étalez-les sur une feuille d'aluminium placée sur une grille à pâtisserie.
Ne les laissez pas dans la poêle,
même hors du feu, car le caramel continuerait à cuire.

Les yorkshire *cakes*

Ingrédients
(pour 8 yorkshire cakes)

- 450 g de farine de blé ordinaire tamisée
- 100 g de raisins secs
- 120 g de sucre en poudre
- 1 œuf
- 22 cl de lait tiède + 2 cuillères à soupe
- 40 g de beurre mou ramolli
- 8 g de levure fraîche de boulanger
- 3 pincées de sel

1 **Préparation de la pâte.** Émiettez les 8 g de levure dans 10 cl delait tiède. Versez les 450 g de farine dans un saladier, ajoutez la levure délayée, le reste de lait, l'œuf, les 3 pincées de sel et les 120 g de sucre en poudre. Mélangez puis ajoutez les 40 g de dés de beurre et pétrissez.

2 **1er temps de repos.** Formez une boule de pâte, mettez-la dans un plat creux. Couvrez d'un linge et laissez reposer dans un endroit chaud environ 45 min.

3 **Façonnage.** Travaillez la pâte quelques instants et ajoutez les 100 g de raisins secs. Partagez la pâte en 8 parts égales. Disposez les boules de pâte sur deux plaques de four en les aplatissant légèrement.

4 **2e temps de repos.** Couvrez les boules de pâte d'un linge et laissez reposer dans un endroit chaud environ 45 min.

5 **Finition.** Préchauffez le four à 200° (th. 6-7). Badigeonnez le dessus des yorkshire cakes d'un peu de lait.

6 **Cuisson.** Mettez les yorkshire cakes à cuire environ 20 min, jusqu'à obtention d'une jolie couleur dorée. Laissez tiédir sur une grille et servez aussitôt.

Préparation : 25 minutes | *Repos : 1 heure 30* | *Cuisson : 20 minutes* | *Réalisation : facile* | *Coût : bon marché*

Pour votre tea-party, savourez ces délicates petites brioches venues d'Angleterre. Leur bon goût de lait, de beurre, de raisins secs et leur pâte croquante vont vous ravir. Ces petits cakes sont délicieux dès la sortie du four !

› Astuce

Renforcez le joli aspect doré de vos yorkshire cakes en les badigeonnant d'un jaune d'œuf battu à l'aide d'un pinceau fin. D'autre part, pour leur donner un bel air de fête, saupoudrez le dessus de quelques grains de sucre concassé juste avant de les passer au four. Ils seront délicieusement colorés.

Index